本当の学校事務の話をしよう

ひろがる職分とこれからの公教育

柳澤靖明
Yanagisawa Yasuaki

太郎次郎社エディタス

はじめに

わたしは、学校事務職員と呼ばれる職種で公立学校に所属している。

学校事務職員という職種は、どんな仕事をしているのか。学校事務職員の立場から見える学校の課題は、どんなことがあるのか。さらには、学校事務職員であるわたしが考える公教育とは、どんなものなのか。それらが本書のテーマとなっている。

序盤の序盤にもかかわらず、ここまでに「学校事務職員」という言葉を四回も使った。本書では以下、たんに「事務職員」と表記するが、「学校」という冠をはずしたわけではなく「『学校』事務職員」という姿を想像しながら読みすすめてほしい。学校にいる事務職員としての働きを伝えたいからである。

現在、公立学校の事務職員は、ほぼ地方公務員という身分になっている。そして、ほぼ単数配置（一校に一人配置）が標準である。そして、ほぼ事務室という部屋で仕事をしている。それは経験年数に応じるわけではなく、初任者でも校長室のような部屋が与えられる。

「ほぼ」を多用している理由は、全国的に一律ではないことが多すぎるからである。公務員ではない非常勤職員が配置されているところ、複数配置（一校に二人や三人）がされているところ、事務室がなく職員室で仕事をしているところなどがあり、全国津々浦々さまざまだ。

第1章でふれるが、都道府県の公務員試験を受験して合格すると、市区町村の職員として学校に配属される。そして、市区町村立学校の管理は市区町村がおこなっているため、同一都道府県内でも職務内容が異なる場合がめずらしくない。

本書では、おもにわたしの立場（公立小・中学校）で、事務職員のことや学校のこと、公教育のことを書いていく。そのため、かならずしも統一的な見解や状況ではないこともある。その点はご承知おきいただきたい。

第1章では、基礎知識として事務職員についてアウトラインを説明する。第2章では、メインの仕事、教育費を担う学校財務と呼ばれる職務を説明し、第3章では、そのほかの重要な職務について実践をまじえながら具体的に掘りさげていく。第4章では、公教育を維持していくための教育費の無償性と子どもの権利についてとりあげていく。

わたしは本書を、学校事務のことをまったく知らない人にも、事務職員の職務について知ってもらいたいという願いで書きはじめた。あわせて、教育関係者へのメッセージも込め、これから事務職員をめざす学生たちにも読んでもらいたいと、いろいろ工夫して書いてみた。同業者はもちろんのこと、教育関係者なら知らないわけがない文言などにも説明を加えたのはそのためだ。

「授業では教えてくれない学校の仕事」を広く知ってもらえたら幸いである。

第3章　変化し、広がる学校事務

学習環境を保障する

第4章 これからの公教育を考える

子どもの権利を実現する学校事務へ

第1章

あらためまして、「事務職員」です

導入的な自己紹介

まず、事務職員とは何者なのか。学校の職員ということは想像できるが、授業をしないで何をしているのか。校長や教頭の日常も外側からはイメージできにくいものだが、事務職員はさらに存在感が薄い。いや、ほとんど見えないといったほうがいいかもしれない。そんな事務職員のことを本章では、第2章と第3章に続くように導入的に紹介してみる。第1章で飽きないように、気軽に読みすすめてほしい。

Ⅰ 事務職員って、こういう者です

最初に出会って最初に忘れられる存在

ある十一月の保育園、昼下がり——。

「ただいまー」。お昼寝の準備をしていたら、お父さんがお迎えにきた。朝、言ってた「しゅーがくじけんしん」だな……、とボクは思い出した。

「あれ？　早退でしたっけ？」。先生がお父さんに聞いている。「今日は、来年入学する学校の健康診断ですよ」。

お父さんと先生が話してるあいだにタオルをカバンに入れて、帰る準備をした。これから、小学校に行くんだって。

「けんこうしんだん」って痛いのかなぁ？　お注射したくない、とボクが言ったら、痛いことは何もしないからだいじょうぶだよ！　って言ってたけど……、ちょっと怖い。でも、小学校ってどんなところかな。

小学校に着くと、人がたくさんいる。ボクと同じくらいの人がいっぱい遊んでる。学校でも遊べるんだなー。あ、同じマンションの友だちだ！

「あれー？　受付十三時開始って書いてあったのに……」。そう言うお父さんと列のいちばんうしろに並んだ。たくさん並んでるけど、なかなか進まない。まだ時間じゃないのに、みんな早く来たみたい。なんだか病院で待ってるときみたいだなー。ぼくはなんだかドキドキしてきた。ホントに注射しないのかな……。

　順番を待ってると、数字が書いてある紙を首にかけるようにと渡された。しばらく待って、やっとボクたちの順番が来た。

「こんにちは！　お名前教えてくれますか？」。保育園のお兄さん先生みたいな人に大きな声で聞かれた。ボクは恥ずかしくなってすぐに名前が言えなかったけど、その人はニッコリ笑ってもう一度、「お名前教えて♪」と言ってくれたので、ちゃんと名前を言えた。

　お父さんが「よく言えたね、がんばったね」と頭をなでてくれた。ぼくはうれしくなって、小学校って楽しいところなのかもしれない、と思った。


　このエピソードがどこにつながるのか――。そう、ニッコリ笑って子どもたちに名前を聞いているその人こそが、事務職員なのだ。多くの学校では、「就学時健康診断」[1]の受付を事務職員が担当している。小学校に入学するまえに、あなたも事務職員に会っている可能性は高い。かく言うわたしも、小学校に勤務していたときは毎年、受付に立っていた。

多くの場合、受付開始の三十分前には行列ができ、早い人は一時間もまえから並んでいるという状況に、ビックリする。エピソードで書いたように、わたしの場合、名前ひとつにしても「お名前を教えてください♪」と一人ひとりに時間をかけて聞いてしまうことが、さらなる行列の原因となっているのかもしれない。だが、じつはそこで、家庭での子どもへのかかわり方が垣間見えることもある。そういった意味で、かけた時間に見合う効果はあると信じている。

経験者が言う「早く行ったら早く終わるよ！」という情報をキャッチした保護者が、同級生の保護者へ横流しするんだろう。案内文書にはひと言も書いてないのに、噂だけを聞いた保護者が殺到する（たしかに、早く行ったら早く終わることにはちがいないが）。

受付が終わると、保護者だけが控室に誘導される。子どもは五年生に手を引かれ[2]、各検査室をオリエンテーリングするのだ。チェックポイントでスタンプのかわりに調査結果を書いてもらいながら。そのあいだに、わたしは控室の保護者を相手に、入学までの各種手続きを説明する。

何度も言うが、多くの人は事務職員と入学式前に出会っている。しかも、どんな先生[3]より早く出会っている可能性が高い。にもかかわらず、どんな先生より記憶から消えていくのも早いという悲しい現状がある。

卒業アルバムを開き、顔写真から事務職員を探せる人はどのくらいいるのだろうか。――という嘆きも、きっとわたしが事務職員だからで、もちろん、わたし自身も母校の卒業アルバムから事務職員を探すことは容易でない。この機会にひさびさにアルバムを開いてみたが、やはり記憶の片隅にも残っていない悲しい現実と向きあった。さらに、後半に卒業生へのメッセージが書かれていたが、事務職員からのメッセージには、自分を思い出してもらうためのアピールが必死に綴られていた（ごめんなさい、当時の事務職員さん……）。

このような社会的認知度の低さを身をもって感じてから、「記録」に残るだけではなく、「記憶」に残る事務職員になろうと誓ったのだ。極端な話、着任すれば「記録」には残る。しかし、「記憶」に残るためには子どもたちをはじめ、保護者や地域の方々とのかかわりが重要となってくるのは言うまでもない。

1 「しゅーがくじけんしん」の正式名称。学校が会場となっているが、実施に関しては市区町村の教育委員会が主体である。知能検査や視力・聴力検査、歯科検診などがおこなわれる。治療が必要な場合は、入学までに治してほしいという治療勧告がなされる。

2 どうして六年生ではないかというと、新入生が入学するときには六年生は卒業しているからだ。入学後に、「あのときのお兄さんとお姉さんだ！」というつながりをつくるためだと考える。

3 学校で働いている人を指す言葉は多くある。「先生」もそのひとつだ。本書では、一般的に学校で働く人を指すときは「先生」か「教職員」と表記し、事務職員などの授業を担当しない人もふくめて表す。そして、授業を担当する人のみを表現したいときだけ「教員」とする。また、校長や教頭、養護教諭（保健室の先生）などとする場合もある。臨機応変に読みわけてほしい。ちなみに法律用語では、一般的な授業者である先生のことを「教諭」という。ちょっと給料が高い「主幹教諭」などのほか、校長と教頭のあいだに「副校長」という職もある。副校長がいる場合には教頭がいなくてもよいと法律に書いてあるので、どちらか一方というのが全国的な状況だ。埼玉県の小・中学校では副校長がいなくて教頭がいる。そのため、本書では副校長の登場はない。さらに、事務職員にも補職名がある。埼玉県では、事務主事、事務主任、事務主査、事務主幹と上がっていく。わたしは現在、事務主任。ほかの都道府県では、一人しかいなくても事務長や総括事務長などという偉そうな補職名が与えられる場合もある。

事務職員の配置は法律で決まっているん……です？

日本国憲法といったら第九条。ベートーヴェンといったら交響曲第九番。さらに銀河鉄道９９９というぐあいに、「九」は有名になる確率が高いが、今回は「二六」を紹介する。

日本国憲法の第二六条は、第一項に「すべて国民は、法律の定めるところにより、その能力に応じて、ひとしく教育を受ける権利を有する」と、そして第二項で「すべて国民は、法律の定めるところにより、その保護する子女に普通教育を受けさせる義務を負ふ。義務教育は、これを無償とする」と定めている。これは教育関係者にとっての根底法令ともいえる基本的な条文だ。本書でも幾度となく登場する重要な条文なので、暗記してしまおう。

ここに「法律に定めるところ」と書かれている法律が、日本国憲法が公布された翌年に施行された「教育基本法」や「学校教育法」であり、学校教育法の第三七条に事務職員は登場している。社会的認知度は低いかもしれないが、だれもが知っている日本国憲法が委任した法律に登場しているのだ。そういった意味では、社会的にだれでも認知可能といえる。

第三七条には「校長、教頭、教諭、養護教諭及び事務職員を置かなければならない」と定められているため、学校にはかならず事務職員を置かなければならない。第三七条は小学校の規定であり、第四九条に中学校への準用規定[4]がある。

しかし、第三七条には第三項に「特別の事情のあるときは事務職員を、［中略］置かないことができる」という、事務職員にとっては迷惑な条文があり、置かなければならない事務職員を「特別な事情」がある場合は置かないこともできるとされている。わたしたちは危うい存在でもあるのだ。

その特別な事情とは、たとえば学校の規模である。別の法律で「公立義務教育諸学校の学級編制及び教職員定数の標準に関する法律」[5]や都道府県条例があり、教職員定数が決まっていて、事務職員は四学級以上の学校に一人と規定されている。そのため、三学級以下の学校には置かないことができる。それが特別な事情のひとつだ。ようするに中学校の場合は、一年生から三年生までが一クラスしかない学校には事務職員を置かないことができてしまうのだ。

逆に、小学校で二十七学級以上、中学校で二十一学級以上の学校には一人定数が増えることも書かれている。中学校の場合は、学年七クラス（一―七、二―七、三―七まである場合）の計算だ。

ほかにも、生活保護を受けている世帯の子どもと就学援助制度[6]を利用している子どもの総数が百

4 準用規定とは、ほぼ同じ内容の条文なので、再掲せずに条文数を減らすための法律テクニックである。第三十七条は「小学校には、校長、教頭、教諭、養護教諭及び事務職員を置かなければならない」と書かれているため、それを中学校へ準用するということは、「中学校には、校長、教頭……」と定めらていることと同じ状態になるのだ。

5 学校を運営していくうえで必要と考えられている教職員の数。埼玉県は、中学校で六学級の場合は基本的に十四人となっている。このほかにも「加配」と呼ばれるプラスアルファの規定もあり、一筋縄ではいかない複雑な問題がそこにはある。

6 認定されると、学校給食費や修学旅行費を市区町村が援助してくれる制度。多くの自治体が実施している制度で、生活保護制度よりは認定基準がゆるく、援助対象項目は就学に必要な費用が中心となっている。

人以上で、全体の二五％を超える場合も定数が一人増える。このような学校は、事務職員が二人体制となっている。

本書を手にとってはじめて事務職員という存在を知った（正確には思い出した）という人が大半であるにもかかわらず、少々難解な説明を加えたのには理由がある。それは、国家レベルでは（大げさな）存在感のある職種なんだぞ！　ということを頭の片隅にでもおいて本書を読んでほしいと思ったからだ。

事務職員の仕事＝学校事務ではありません

「事務職員の仕事＝学校事務」とイコールでつなげられればかんたんだが、じつはそうではない。正確に表現すると、「≒」（ニアリーイコール）なのだ。学校事務とは学校の事務全般であり、かならずしも事務職員がすべてを担っているわけではないからである。

「はじめに」でも書いたが、事務職員の職務内容は全国津々浦々さまざまである。わたしもさまざまな都道府県や市区町村の情報はそれなりに知っているつもりだが、もちろん完全ではない。

たとえば、学級事務も学校事務の一種だが、出席簿を片手に教室で出席確認をする事務職員は、おそらく存在しないだろう。しかし、じっさいに出席確認をするのは担任だとしても、その統計[7]については事務職員が担当している場合もあり、同様に協働で進めている学校事務はほかにもたくさんある。

基本的に、学校の仕事は、校務分掌[8]というかたちで割りふられる。事務職員の場合は、給与[9]・旅費[10]・福利厚生[11]・教科書[12]・公費会計[13]・私費会計[14]……、などが一般的だ。一般企業にザックリ当てはめると、総務課・人事課・財務課といったところだろうか。

しかし最近では、教員の多忙が深刻化していることから、学校事務という領域が見直されはじめた。多忙化の原因として、仕事量の増加と勤務時間の長さが指摘されている。

7 月末や学期末に出席率や欠席率、欠席理由別人数などを教育委員会へ報告する仕事。

8 おもに、「指導」「管理」「庶務」といった大枠で組織されていることが多い。事務職員は「管理」や「庶務」に名前が入ってくることが一般的である。

9 教職員の給与計算事務のこと。十数年前は一人ずつ電卓を叩き、手計算をしていたようだ。現在は電子計算化が進み、学校現場では電算システムに基本的なデータを入力することがおもな仕事になっている。

10 校長が教職員に出張を命じたときに発生する旅費（電車賃など）を計算し、請求する仕事。

11 教職員の福利厚生（人間ドックやスポーツ鑑賞、各種給付金など）に関する周知や申し込み代行などの仕事。

12 現在、義務教育諸学校の教科書は無償で給与されている。そのため、さまざまな報告書を作成する必要がある。国語（○○出版）を□年□組の△△さんに×月×日に給与したというレベルの細かい報告書をつくる。そのほかに、本屋さんなどから納品された教科書の数を確認する仕事もあるが、さすがに一人ではできないので職員作業として数人でおこなう学校が多い。小学校は前期（四月）と後期（九月）に給与があり、中学校は前期のみで必要な教科書を給与する。また、転入者に臨時給与したり、転出者に給与した内容の証明書をつくったりする仕事もある。

13 毎年、学校運営に必要なお金が教育委員会から配当される。その予算立てや執行をする仕事である。公のお金（税金）なので公費と呼ぶ。くわしくは第2章を参照してほしい。

14 現状、学校では授業で必要なドリルやワークなどが買えるほどの公費が配当されていない場合が多い。そのため、足りない部分を保護者から集金している。「公」のお金に対して「私」のお金という意味で私費と呼ぶ。こちらもくわしくは第2章で。

一般的な事務職員の職域

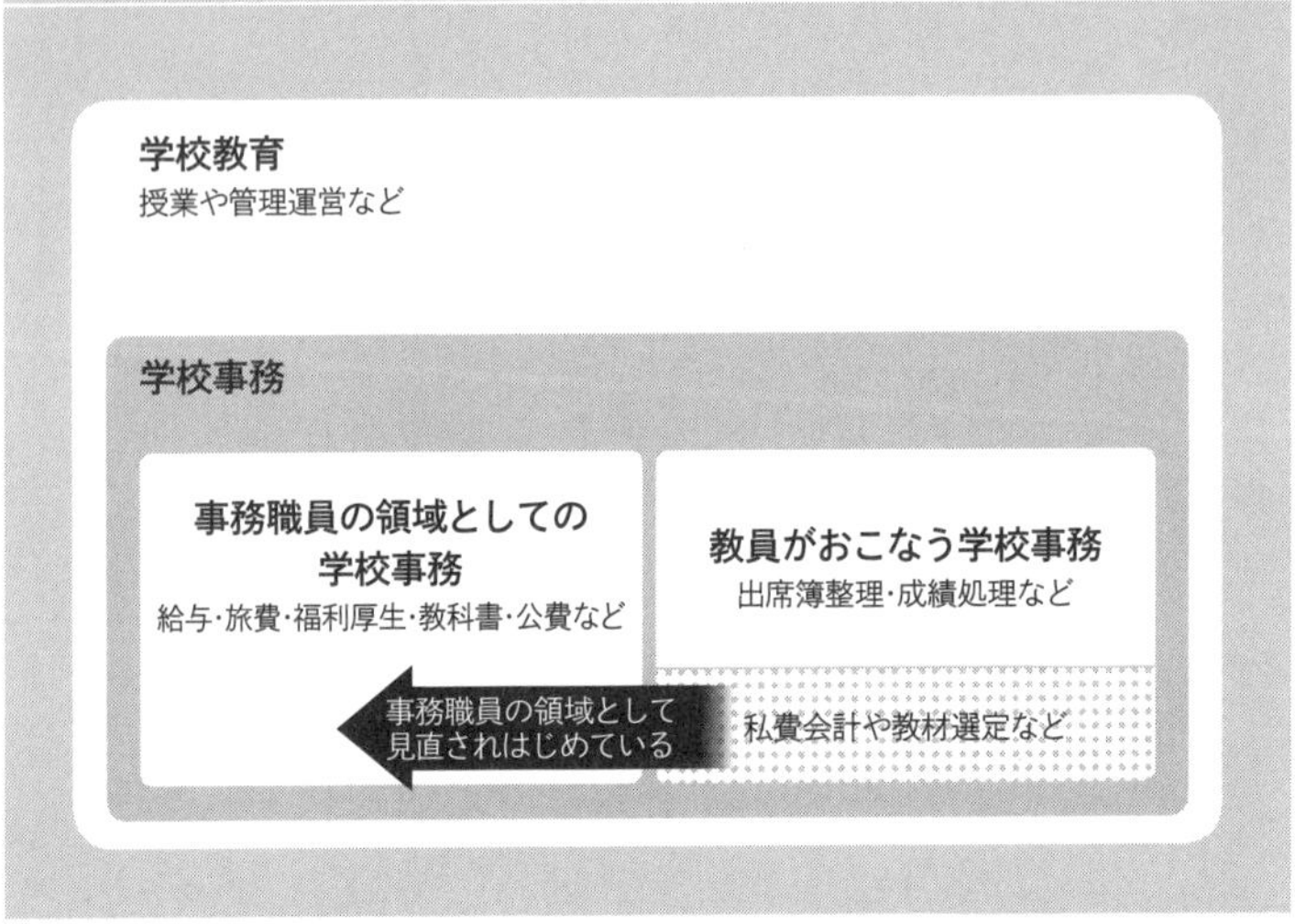

学校教育
授業や管理運営など
学校事務
事務職員の領域としての
学校事務
給与・旅費・福利厚生・教科書・公費など
教員がおこなう学校事務
出席簿整理・成績処理など
事務職員の領域として
見直されはじめている
私費会計や教材選定など

一般的な校務分掌図

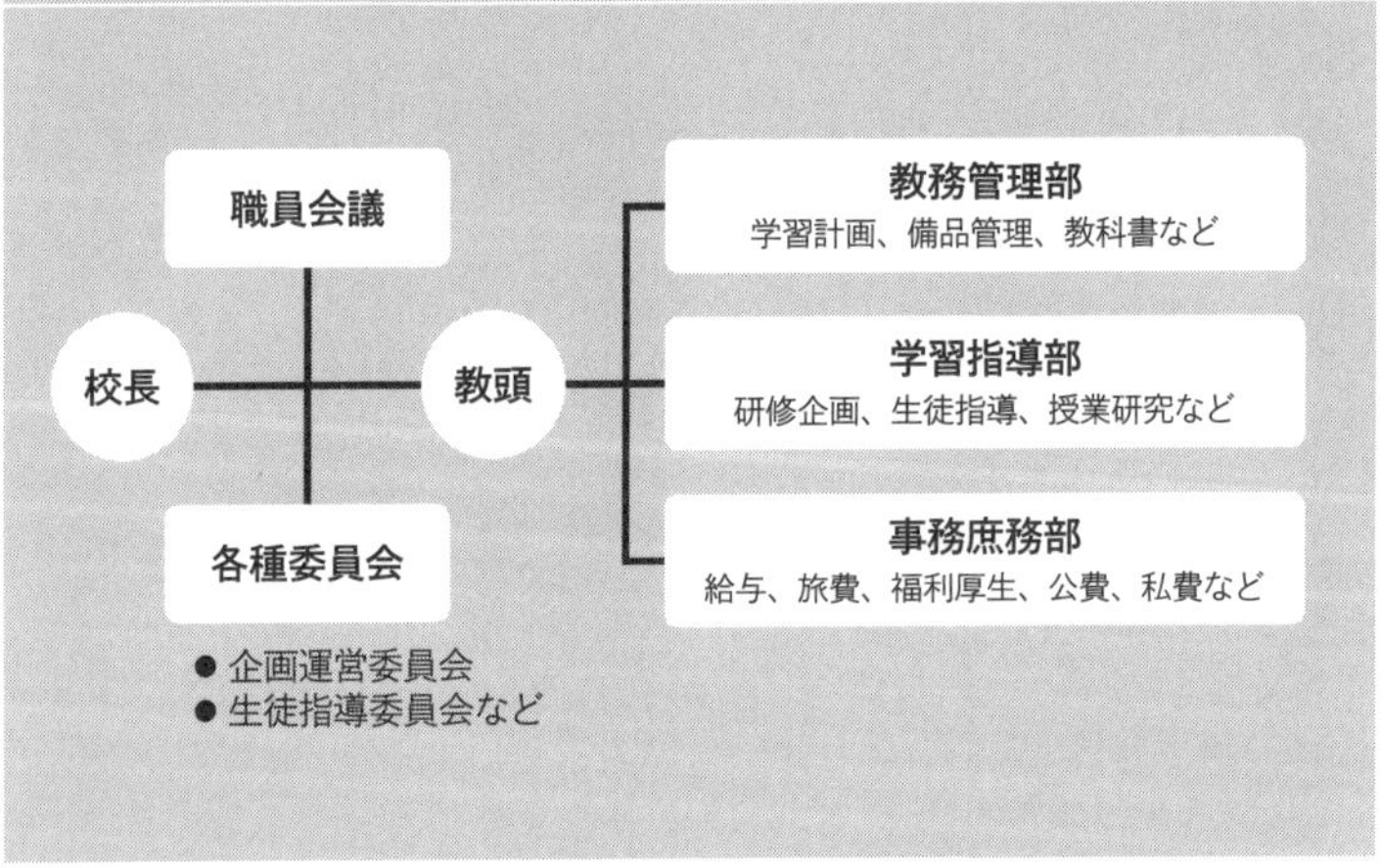

職員会議
校長
教頭
各種委員会
● 企画運営委員会
● 生徒指導委員会など
教務管理部
学習計画、備品管理、教科書など
学習指導部
研修企画、生徒指導、授業研究など
事務庶務部
給与、旅費、福利厚生、公費、私費など

二〇一三（平成二十五）年の国際調査「国際教員指導環境調査（TALIS）[15]」によると、中学校教員の平均勤務時間（一週間）は国際平均で三八・三時間であるのに対して、日本の教員は五三・九時間と調査対象国でも最長を記録している。そのなかでも、書類作成などの事務作業の時間が五・五時間もあり、国際平均の二倍となっている。これが長時間勤務の要因と指摘しているメディアもあるのだ。さらに、文部科学省が二〇一四（平成二十六）年におこなった調査[16]も、「負担を感じている仕事」と回答した項目は、本務の授業や生徒指導ではなかった。

このように、教員が担当しなくてはならない仕事、事務職員が担当すべき仕事の境界線と、協働でおこなう仕事を研究し、実践していくことが急務である。いま、学校現場では「チーム学校」と銘打って、校長のリーダーシップのもと、教職員が一丸となって教育目標の達成をめざすという新しい学校運営の流れが進められている。そこで、事務職員の専門性[17]を積極的に活用する

---

15 TALIS（Teaching and Learning International Survey：国際教員指導環境調査）とは、学校の学習環境と教員の勤務環境に焦点を当てた、OECDの国際調査である。職能開発などの教員の環境、学校での指導状況、教員への評価やフィードバックなどについて、国際比較可能なデータを収集し、教育に関する分析や教育政策の検討に資することをめざしている（文部科学省Webサイトより引用）。

16 文部科学省「学校現場における業務改善のためのガイドライン――子供と向き合う時間の確保を目指して」（平成二十七年七月）

17 事務職員の専門という言葉は難しい。まえに例示した以外にも事務職員の仕事とされる領域はあり、専門的な職務だといえる内容もある。その部分に関しては、第2章と第3章でとりあげる。また、事務職員の専門性を教員のように大学で養成しようという動きもある。

という施策が打たれた。また、教職員総数に占める教員以外の専門スタッフの割合[18]は、日本が約一八％であるのに対して、米国が約四四％、英国が約四九％と、諸外国と比較すると極端に低いことがわかる。日本はまだまだ、教員が教科指導に専念できる環境整備が十分とはいえない状況だ。そのため、おたがいに助けあっていくことが現状でとりうる最善の策だと考える。教員の仕事を事務職員にすべて移行すれば解決、という話ではない。

「一般的な仕事領域」の図で示したように、事務職員の仕事領域を広げ、教員が担当している学校事務の協働や、移行するべき仕事の考察が必要だろう。調査統計や会計事務に関しては事務職員が担うべきであり、指導計画や授業に関してもサポートできる部分はある。現に、教育費や学校施設設備、環境教育に関して、事務職員がゲストティーチャーとして授業を直接サポートしている実践もある。

2 意外に広い人間関係

謎多き「事務室の先生」

就学時健康診断から半年——。

今日は長男の入学式。昨日までは雨だったけど、今日は晴天に恵まれた。

「おとうさん！　待ってよー」。子どもより気持ちが高ぶっている夫のあとを、本日の主役であるピカピカの一年生、息子が追いかける。

「また行列だよ……」と夫は不機嫌そう。

「健康診断のときも行列だったんだってね」。やっと追いついたわたしは息子と手をつないだ。受付を待ってると、先生らしい人に息子が自分からあいさつをした。

「おはようございまーす」

「おはようございます！　入学おめでとう♪」。笑顔で答えてくれる。息子がふりかえりながら「このまえ、しゅーがくじけんしんで会ったんだよ」と教えてくれた。名札をこっそり見ると「事務主任」と書いてある。そういえば、入学前の説明会でいろいろ説明していた人だわ。「こんどは入学式で会いましょう♪」なんて言ってたけど、授業もするのかな——。

「新入生入場！」というアナウンスとともに、一年生が元気よく体育館へ入ってきた。担任の先生に呼ばれた息子も元気に返事ができてホッとした。お父さんとの練習の成果だな。

式が終わりに近づくと、「職員紹介」というアナウンスが聞こえ、たくさんの先生たちが前に並

18　数値は、中央教育審議会「チームとしての学校の在り方と今後の改善方策について（答申）」（平成二十七年十二月）より引用した。

んだ。校長先生が一人ひとり紹介していく。あの先生は若そうだなー。新任なのかしら。教頭先生は説明会で見た人だわ。あ、朝の人もいる。やっぱり先生なんだ。事務室の先生か――。保健室の先生、給食室の先生……、小学校って、担任の先生以外にもたくさんの先生がいるのね。

帰り道、子ども会の会長に偶然会って話していると、事務室の先生も親しげに会話に入ってきた。なになに？　うちの会長とも知りあいなの？

事務室の先生って、謎！

入学式、子どもたちや保護者の前ではじめて自己紹介をする場面だ。このエピソードでは小学校を想定したが、中学校でも似たような流れで入学式はおこなわれる。事務職員は「事務室の先生」と呼ばれることも多い。保健室にいる養護教諭を保健室の先生と呼ぶことに似て、事務室にいる事務職員を事務室の先生と呼ぶのだろう。わたしも、子どもや保護者、地域住民からそう呼ばれていた。

ここで、事務職員と周囲の人びととの具体的なかかわりを紹介しよう。

子どもを評価しないおとな

まずは、子どもとのかかわりについて。これは正直なところ、学校や事務職員個人の考え方により千差万別である。教員とは違って、もともと学校が好き、子どもが好きという理由で事務職員になったという人は、わたしと採用年度が近い人には意外と少なく、公務員をめざしていて「偶然」事務職員になる、という人が大半のようだ。学校によっては事務室への入室禁止ルールがある場合や、とくにかかわりを意識しない場合、近くて遠い存在となっている場合も多々あるという話を聞く。わたしは子どもも好きなこともあり、かかわりは深い部類に入るだろう。

たとえば、小学校勤務のときは、始業前に校門で登校する子どもたちを迎え、そのまま校庭で鬼ごっこやかくれんぼをして遊ぶ。生活科の「学校探検[19]」という授業では、積極的に子どもたちを受け入れ、子どもたち全員と話ができる貴重な機会を楽しむ。昼休みにはサッカーや一輪車で遊び、放課後はランニングにつきあったこともある。交流を続けていると、調理実習でつくった料理を手紙つきでもらえたり、クリスマス会などの学級行事、お祭りなどの学年行事にも声をかけてもらったり、という感じに関係が深まっていく。「一学期の遠足は校長先生がいっしょに行ってくれて、二学期は教頭先生だったから、三学期は事務室の先生がいっしょに行ってくれるんだよね？」と言われたときは感無量だった。

中学校だとまた違う。夏休みまえで給食がない日[20]に、「お弁当つくってきてあげようか？」と

19 その名のとおり、学校を探検する授業。生活科は一、二年生がおこなう科目である。二年生が一年生を引き連れて校内を探検するのが一般的だろうか。二年生になると探検は校外に広がり、町探検がおこなわれる。

20 いわゆる短縮日課というやつだ。最近では、エアコンの普及により夏休みのギリギリまで授業をする学校や、関東近辺でも七月いっぱいまで普通授業の学校がある。さらに、新学期が八月下旬からはじまる場合もある。

言われたことがあり、すごくうれしかったが、さすがにそれは丁重に断った。バレンタインのチョコくらいはいいかと思い、よくいただく。昼休みになると事務室へかならず来る子どもたちもいた。きっかけは、教室にないものが事務室にはたくさんあり、興味をもったことらしいが、見慣れてくると「仕事手伝うよ！」などと言ってくれ、文房具の整理整頓などを率先してやってくれる。「事務室シスターズ」なるコンビを結成し、ご褒美をあげたくなるほどよく手伝ってくれる子たちもいた。「印刷室がいつも整理されていないからポスター描くよ！」といったような自発的な取り組みもあった。

ほかにも、毎日わたしの出勤を事務室前で待っていて、朝から自転車の話を一方的に延々と話す子や、「あのね、中古でいいフォークリフトあるけど、買いませんか？」と営業する子、ゲームセンターのアーケードゲームの対戦に誘ってきたり、「昨日、夕飯何食べた？」と毎日のように聞いてきて、最後にかならず自分は肉を食べた！　と自慢でまとめたり……。出張[21]で一日事務室を空けると、つぎの日は「昨日はどこ行っていたの‼」と叱られることも多々あった。

わたしはそんな子どもたちが大好きだ。自分が心を開けば、相手も開いてくれる――わたしはそう信じて、子どもたちとのかかわりを大切にしている。子どもと本気でつきあうからこそ、つくれる関係もあるだろう。

そのさきに、子どもたちが仕事のパートナーとなることもある。たとえば、身長が高いおとなでは気づくことが難しい危険な箇所や、子どもにとっては使いづらいと感じられる設備、学校で生活していて「あったらいいなぁ」と思うことなど、子どもの目線で学校を改善していく取り組みがある。ふだんのコミュニケーションが基礎となり、パートナーシップを築いていけるのだ。

また、成績をつけない人間というのは、学校では少数派だ。さきの中教審答申の調査からみても、かりに教職員が二十五人いる学校では、二十一人は結果として成績をつける人間であり、つけない人間はたったの四人。子どもたち自身が教員とコミュニケーションをとるときに、「この人は評価者、成績をつける人間だ」と考えているかどうかはわからないが、多少なりとも気を許せる場所として事務室があってもよいだろうと考えている。事務室登校のよし悪しは別として、教室には行きたくないけど事務室には来られるという子どもとかかわり、担任からの課題をいっしょにやっていたこともある。その後、少しずつ教室にもどれるようになった。

あるとき、そんな話を子どもたちにしたとき、「そっか、じゃあ先生にイタズラしても成績下がることないから安心だ！」と言われた。おいおい……。

節目の時期に増える保護者とのかかわり

一般的には、転校手続き[22]のときに事務職員と保護者がかかわる場合が多い。義務教育期間中は、

21　出張とはいっても、海外出張や新幹線に乗って遠くへ行くことではなく、学校を離れて会議や研修に行くことの全般も出張と大げさに言うのだ。

途切れることなく在籍をつなげる必要がある。たとえば、七月二十二日に転学したいと申し出たとしても、異動日は転学先の学校が受け入れた前日なのだ。それを証明する「在学証明書」を事務職員が発行し、途切れることなく籍を異動させるという書類上の仕事がある。ほかにも、地域によって使っている教科書が違う[23]ため、証明書で確認して、必要な教科書を注文する（もちろん、こういった場合も教科書代は無償）。それらの書類を保護者の転居申告にもとづいて発行するのだ。

そのときに、あわせて学校給食費などの精算[24]をすることが多い。また、DV（ドメスティック・バイオレンス）など特段の事情で転校する場合は、情報をできるだけクローズにして手続きを進めることがあり[25]、ケースによっては、電話と郵送のみで進めることもある。

事務職員は転学するときは最後に見送り、逆に転入学のときは最初に出迎える。はじめと終わりの節目に立ち会うため、双方ともに印象深く記憶に残ることがあるのだ。

転校以外の事例では、学校行事が中心になるだろうか。多くの学校は玄関の近くに事務室があり、事務職員は受付業務を兼任している[26]。そのため、学校行事でも受付業務を担うことが多い。保護者が学校に足を運ぶ行事（就学時健康診断・新入生保護者説明会・授業公開日[27]・入学式・卒業式・運動会・音楽会[28]など、一部の行事では保護者受付ではなく来賓受付にまわることもある）では、多少なりともかかわりがある。とくに説明会では、事務職員から説明する時間をつくり、各種手続きや制度の周知などをすることも、ままあるのだ。

学校へお越しのさいは、意識して事務職員を探してみてほしい。事務職員に用があって来校する保護者は少ないので、うれしく思う職員は多いだろう。少なくともわたしはうれしいので、ぜひ会いに来てほしい。

また、ＰＴＡ役員とのかかわりは深いものがある。事務職員はＰＴＡ組織の会計や幹事といった担当を任されることが多く、役員さんと連絡を密にして仕事をしていく必要があり、かかわりというよりは連携が重要となる。さらに、プライベートなかかわりにつながることもあった。毎年、ＰＴＡ主催の懇親会に呼んでいただき、学校や子どもの話を肴にお酒を飲んでいた。その学校を異動したにもかかわらず、連絡をいただくこともあるくらいだ。

22 「転校」とひと言で表したが、ほかの学校へ行く「転学」や、海外へ行く「退学」、ほかの学校から来る「転入学」や海外から来る「編入学」がある。

23 公立学校で使用する教科書は、設置する市区町村や都道府県の教育委員会に採択権限がある。ちなみに、私立学校は校長に権限がある。教科書採択は四年ごとにおこなわれる。

24 学校給食費は、一食単価で集金しているのではなく月額〇〇〇円という概算で集金している。そのために、過不足を精算する必要が出てくる。教材費なども同様に、使用・不使用分を精算する。

25 こういった場合も転居にともなう転校・転入ではあるが、そこが主要な理由ではない。また、学校には転居先が伝わることなく、教育委員会どうしで手続きを進める場合もあった。

26 事務室がない学校があると書いたが、受付業務を担わない事務室もある。たとえば、事務室が二階に設置されている場合や、守衛室のような部屋が玄関近くにある場合など。

27 土曜参観日などのこと。最近では、「教育・文化週間」となっている十一月一日〜七日あたりを学校公開日として常時公開している学校もある。

28 合唱コンクールという場合が多いかもしれない。最近では、音楽ホールなどを借りておこなうというリッチな事例もよく聞く。

地域住民と学校の窓口として

いまや地域は、学校の支援者として重要なポジションにある。後援会、町会、幼稚園や保育園など、学校はさまざまな組織とのかかわりが必要なのだ。

事務職員は電話に出ることも多く、クレームを直接いただくこともよくある。「おれの車に、あんたんとこの子どもが給食袋だか上履き袋だか知らないが、ぶつけてきて笑って逃げるんだ！」。こういう類の電話で重要なのは、もちろん給食袋か上履き袋のどちらなのかではなく、「あんたんとこの子ども」と言われた部分だ。

この電話に出たのが、管理職の教頭だとしても、教員だとしても、事務職員だとしても、学校の人間であり、学校として子どもたちを預かっている組織の一員である。地域住民、もしかしたら通りすがりかもしれないが、どんな人が電話をしてこようが、学校を相手に電話をしていることには変わらない。事務職員は意識せずとも「学校の顔」となっている場合も多い。

来校されて、お話をいただくケースもある。管理職につなぐまえに、落ち着いて状況を整理しておくのも、最初に対応することが多い事務職員の仕事だろう。そういった一過性の事柄に対して安易な対応をするのではなく、一過性な事柄だからこそ、その一事に学校は誠心誠意をもって対応するべきなのだ。ときには、怒鳴られて凹むこともあるが……。

もちろん、クレーム対応ばかりではない。町会と学校が共催で納涼祭を企画したとき、学校は校庭を提供、子どもたちとともに催しものを企画・運営し、町会には運営費の補助や当日の運営を手伝っていただいた。事務職員もそんなときはからだを張って働く。昨年は大抽選会主任を仰せつかり、当選番号発表の段取りやアナウンス、景品の引き渡しなど、朝から晩まで子どもたちと協力して楽しんだ。まさに、地域と学校とが融合しておこなわれた企画だった。このような企画が生まれるのは、その学校が日ごろから地域とのかかわりを大切にしているからだ。

3 めざせ！ 学校事務職員

「結局、なんの仕事なの？」

ある暑い夏休みのこと——。

親戚中が集まる恒例の日に、わたしも実家へ帰った。生まれたときから知っている甥っ子も、早いもので小学校へ入学して、もう三年生になったという。

「夏休みの宿題、ちゃんとやってる？」と聞くと、「あとはねぇ、読書感想文と自由研究だけ」と、しっかりした受け答えだ。じつは、わたしもこの春から小学校で働きはじめた。うちの三年生もこんなにしっかりしてたっけ？　その会話に親戚が集まってくる。

「就職おめでとう！　学校の先生になったんだって？」。いつもどおりの反応。ここからお決まりの対応がはじまる。

「先生じゃないんだけど、学校で働いているの。学校事務職員っていってね、事務室の先生とも呼ばれてはいるんだけど……」

「やっぱり先生なのか？」

「うーん、だから……」

毎度のことながら、事務職員の仕事内容を説明するのはひと苦労。事務職員の仕事について書かれた本があればほしいな。[29]

「そうね、ひと言で表すと『教育環境整備』かな。ようするに、子どもたちがちゃんと勉強や生活ができるように、教育環境を整える仕事だよ」

説明しだしたらきりがない。事務職員の仕事をもっと知ってもらいたいから。公務員になりたいという選択肢じゃなくて、先生みたいに「学校事務職員になるという夢」を小さいころからもてるような職種になるといいなぁ。

事務職員なら一度は経験したことがある、「事務職員あるあるネタ」だ。以下、事務職員の採用から自立までをかんたんにまとめてみる。

県の採用だけど、市の職員

まずは、願書を手に入れよう。採用試験は都道府県の人事委員会がおこなうため[30]、都道府県庁に行けば、パンフレットといっしょに置いてある。二〇一五（平成二十七）年「埼玉県職員募集パンフレット」には、小・中学校事務職員だけ「身分は、勤務先の小・中学校の属する市町村の職員になります」という注意書きが書かれている。自分自身が受験したときはとくに気にならなかったが、疑問に思う人も少なくないだろう。たとえば、埼玉県の職員になりたくて埼玉県の採用試験を受けたにもかかわらず、市町村の職員になるのだから。

どうしてか。それは「地方教育行政の組織及び運営に関する法律」に書いてある。あえてくわしい説明は加えない。公務員になるからには、法律に従う覚悟がないとはじまらないからだ（笑）。だいたいのことは法律に書いてあるので、気になることはかんたんに（？）調べられる。しかし、小・中学校事務職員の職務内容は、「庶務・経理等の学校事務」という一文だけしか記載がない。

29 本書のことである（笑）。
30 政令指定都市の場合は、市の人事委員会がおこなう。また、「学校事務職員」という区分ではなく「一般行政」という括りで採用し、学校へ配属されるパターンもある。

これだけで職務内容を想像できなくもないが、志望動機を語れるほどの情報は得られないだろう。

　このあたりからも、事務職員は「めざしてなる職種」とは言いきれない歯がゆさを感じる。わたしも、前述したような一般論と同じく、埼玉県職員になりたくて、「一般行政」より倍率が低かったという安易な理由で受験したのだ。小さいころから先生というイメージが確立している「めざしてなる職種」としての教員とは大きく違う部分だろう。

　めでたく採用試験に合格すると、配属希望先などの意向聴取を経て、配属先の学校が決まる。採用試験もたいへんだと思うが、じつはここからが事務職員の正念場なのだ。

「だれも教えてくれない！」単数配置職種の宿命

　初日は辞令交付式と着任式を終え、いよいよ学校に到着するのが、だいたい十五時ごろ。すでに初日の勤務時間は、残り二時間程度。——にもかかわらず、異動職員の情報がつまった封筒[31]が自席に積まれているだけで、指示待ちの状態というのが一般的だ。しかし、指示なんていくら待っても来ない。想像するだけで最悪だろう。

　わたしの場合は、前任者が助けにきてくれて、その日のうちに必要な処理ができたのだから、幸せ者である。しかし、そうでなかった同期も多かった。そんな状況も、現在では少しずつ改善されている。

近くの学校から事務職員が助けにきてくれるかもしれないという期待ではなく、新採用者のフォローを職務とする事務職員がいたり、中学校区[32]の事務職員で構成されたグループで、仕事としてバックアップしてくれたりするようになった。また、採用前研修などがあるところもある。

こういった制度は当然といえば当然だ。なぜなら、基本的に学校内で実務的な仕事を教えてくれる人はいないのだから。それが単数配置職種の宿命なのだ。まずは、入学式までの数日間をどのように乗りきるかがカギとなる。しかし、その数日中にはかならず、職員全員でおこなう職員会議という会議があったり、みんなで入学式の準備をしたりする。そうしているうちに話し相手も増えてくるだろう。それだけでは仕事自体の解決は望めないが、気持ちはだいぶらくになる。

その後は、夏休みを待ちのぞみ、二学期の学校行事の連発を乗りこえよう。この時期になると、学校の雰囲気にはだいぶ慣れてくるだろう。子どもたちといっしょにマラソン大会の練習をしてもよい。そして、年が明ければ、いっきに年度末まで走りぬけよう。そこまでがんばることができれば、自立への第一歩を歩んだことになる。自分自身にお疲れさまと言ってあげよう。

学校内では厳しい環境だが、学校の外では任命権者（都道府県教育委員会、政令指定都市の場合は

31　教職員は異動が決まると、現任校にある自分の関係書類（たとえば、履歴書・給与の振込先・税金の申告・各種手当に関する書類など）をごっそり異動先へ持っていく。その封筒をつくるのも事務職員の仕事である。大きい学校だと、一度に二十人以上の異動もありうる。ひじょうにたいへんな仕事であり、神経も使う。

32　中学校の学区内にある小学校をふくめて中学校区と総称する。現在では学区自由化にともない、学区という概念が薄れてきているが、それでも基本学区としての中学校区は存在している。

市教育委員会）の研修などもあり、三か月もすれば、気軽に交流できるような同期や先輩事務職員も見つかるだろう。

また、実務的な仕事以外にも、学校にはさまざまな仕事がある。二学期は行事の連発と書いたが、行事の運営などはわかりやすい。そういった仕事では、当然に職場の先輩を頼る。とくに運動会は参加するほうも楽しいが、運営するほうも新鮮で楽しい。わたしは、出発係でスターターを鳴らしたり、得点係で得点版を管理していたりした。色別対抗種目の練習に出たり、結団式や解団式でコメントを求められたりもした。

事務職員は、めざすべき職種じゃないのか?!

つらい話題も出してきたが、逆手にとると、楽しくてやりがいのある仕事になることはまちがいない。それはなぜか。単数配置が基本であるため、自分が担っている分掌については、自分の考えを直接、管理職へ伝えることができるからだ。それは、経験年数が浅くても深くても、同じことがいえる。

校長の経営方針[33]を実現させるためには、事務職員として何ができるかを考えて仕事をすることが重要なのだ。事務職員は事務処理だけをやっていればいいということではなく、積極的な企画・提案が求められる。そのためには、資質向上を意識して日々の自己研鑽を怠らず、学んでいく姿勢こそが重要である。

事務職員の仕事を「シャドーワーク」[34]と表現することもできる。なかなか表に出ることがない影の仕事を多く担っているためだ。子どもたちへの直接的な教育効果を見いだすのは難しい。しかし、成果を出すことが困難な職務内容ではあるが、公教育を維持するためには重要な部分も担っている。そのため、事務職員の仕事を事務室の外（子どもや保護者、地域など）に開き、評価を求められるような仕事や、公教育を維持していくための積極的な実践をオープンにし、シャドーワークを「クリアワーク」[35]としていきたい。

めざすべき仕事ではなくても、採用されてから、何をすべきかと考えていけばよいのだ。それができる仕事であり、考えていける仕事だと思う。ある事務職員の言葉を借りれば、「この職業は未完成であり、自分たちの働き方によりつくられる」とのこと。現職のわたしからすれば、言いえているると思う。これからこの職をめざそうとしている人や、一般的な見方からすれば「？」

33　校長が年度当初に、今年の目標的なビジョンを語るのだ。教育目標を変更することはめったにないが、教育目標を実現するために、どんな取り組みが必要なのかを最初の職員会議で話す。
34　「シャドーワーク」には、イワン・イリイチの定義によって、専業主婦などによる無報酬の仕事というイメージが定着しているが、本書では「見えづらい仕事」といった意味でとらえてほしい。
35　シャドーワーク（影の仕事）に対して、クリアワーク（中身が見える仕事）をあててみた。べつに事務室をガラス張りにしてクリアにするという意味ではない。事務職員は「縁の下の力持ち」とたとえられることが多いが、子どもを中心に考えたら、教職員は全員「縁の下の力持ち」であると考えている。縁の下のさらに影にある仕事をクリアにしていき、教職員や子どもたち、保護者、地域住民とともに、事務職員も中身が見える仕事をしていき、公教育維持のためにともにがんばりたいという考えである。

のひと文字だろうが。

都道府県や市区町村により、さらには学校によっても事務職員がおこなっている仕事は違うのだが、公教育を維持していくための仕事であることは変わりない。そのため、事務職員の職務内容は毎年のように研究が重ねられている。だからこそ、おもしろい職業だとわたしは感じている。

なんと、ここ一年で、転職してまで事務職員をめざそうと思ってくれた人が二人もいた。きっかけは、学校事務についてのわたしの熱弁らしい。けっして受験を強要したわけではないことは記しておこう（笑）。一人は二〇一六（平成二十八）年度から同じ埼玉で採用された。ともにがんばろう！（そういえば、「事務職員になる！」と言って卒業した子もいたな。どうしたかな――。）

column

コラム

事務職員の一日

07：30　眠い目をこすり出勤　朝は苦手。前日に早起きを誓っても、起きられる可能性は五％以下ですね。子どもを保育園に送り、学校に着くのは、早くて始業チャイムの五分前です。事務室でパソコンを立ち上げ、書庫やデスクのカギを開けるなどしているとチャイムがなり、時計が八時二十分を指すと同時に職員室へ滑りこみ、セーフ。打ち合わせがはじまります。事務職員からも提出書類の督促などは、このときにすることが多いです。その後、郵便物の仕分けをして、事務室にもどるまえに、学校アドレスのメールチェックをします。

08：30　朝会や生徒集会　毎回ではありませんが、講話朝会（校長が話をするもっともポピュラーな朝会）や生徒集会（生徒会主催の朝会）にも顔は出します。全教職員に役割があるわけではないけれど、子どもたちと時間を共有することができ、学校で働く意味を再認識できます（そんな難しいことを毎回思っているわけではないですが）。

09：00　事務処理の時間　事務室にもどると、コーヒーを相棒に「事務処理」と呼ばれる仕事をはじめます。事務職員として採用されているからには、事務処理が仕事の中心なのはしかたありません。それはわかっています。しかし、作業的には苦手じゃないものの、心理的には苦手な分野です。とくに月末なんて事務処理が多いですからね。目が回るわけです。埼玉県の給与支給日は二十一日で、その三日前には給与明細を県の給与等管理システムからダウンロードできます。このあたりから事務処理に要する時間が増えてくるのです。明細配布の準備、月末には旅費の請求、翌月の給与支給データを入力し、月が明けると、前月の休暇や出張などを整理する仕事が出てきます。本県はなんと「出勤簿」と呼ばれる紙に押印して、出勤の記録を残します。タイムカードなどないないない(笑)。

09:15　合間。多様なニーズに応える　合間といっても、わたしの合間ではなく、だれか(先方)の合間です。電話が鳴ればとるし(いまの学校は、みんなとるのが早いのでなかなかとれない)、来客が来たら応対する(隠れたいときもありますが、ニッコリあいさつ)。印刷室でいやな音がすると、ゆっくり印刷室のドアが開きます(現勤務校の事務室は、なぜか扉が並んで三つあります。ひとつが印刷室へつながり、ひとつが給湯室へつながり、もうひとつが廊下へ続きます)。印刷室からの侵入者はエラー報告です。「なんか動かない」(「なんか」ってなんだ！　ちゃんと日本語しゃべってよ、という気持ちになることも多々)。事務室と印刷室がつながっているのもよし悪しです。キーボードの入力まちがいや、保存しわすれてアプリケーションを閉じてしまったときなど、「ダー!!」っと騒いでしまうことがありますが、そのときはかならず印刷室の電気がついているのです……。完全にひとり言を聞かれているという始末。

column

10：00　トイレのついでに　十時になると、本日二杯目のコーヒーを淹れに職員室へ。コーヒーを飲みながら仕事をしていると、トイレが近いです（立地的にもトイレは近いので、よく行きます）。事務職員は、ただトイレに行くなんてもったいないことはしません（いや、わたしだけか？）。トイレは印刷室のドアから出たほうが近いので、印刷室を通りぬけるときに印刷用紙の整理整頓や在庫チェックをします。毎日しているわけですが、「なんでB４のケースにA３!?　形がわからないの!?」などとブツブツ言いながら片づけています。整理整頓好きなので、気になってしまうのです。職業病かもしれませんが。

10：00　重なる仕事　今日の目標は「家庭向け事務室だより」の完成！　としました。今回はどんな内容にしようかなぁ、と思いにふけっていると、学校だよりを配る教頭が現れました。「ホームページ更新しといてね」。Webサイトの更新はわたしの仕事なので、忘れないうちにやっていると、A教諭が教材購入の相談に入ってきました。さらに、相談中に電話が鳴り響き、「職員室だれもいないのかな……」と思いながら電話に出ると、宅配便のお兄ちゃんが受付の窓を叩きました。電話対応しながら、さっきのA教諭に受け取りをジェスチャーで指示。――という具合に、いろいろな仕事が重なりまくることが日常茶飯事です。

12：45　ランチタイム♪　ランチ＝給食です。お昼休みは十二時からというのが相場ですが、学校は十二時四十五分ごろからと、ちょっと遅くはじまります。職員室で、担任以外の教職員といっしょに食べます。美味しいかどうかは好みの問題かもしれませんが、カロリーが高いことだけは確かです。おとなは、おかわりなどぜったいに避けるべきだと思います。成長期の子どもにあわせたカロリー計算なのですから。何年食べていても、年に何度か確認してしまうくらい、恐ろしく高いのです。そして、三杯目のコーヒーを淹れて、午後の仕事にとりかかります。ランチタイムとはいっても、学校ではまったりとした休憩時間という概念がありません。放課後子どもを帰すまで、一連のスケジュールが続くのです。

13：30　午後のはじまり　いちばん眠くなる時間でもありますが、五・六時間目の授業中（十三時三十分～十五時三十分ごろ）が、いちばん集中できる時間です。人から頼まれた仕事をとりあえず優先して仕上げる主義なので、さきほどのA教諭から出た教材の要望を見積依頼書にまとめてファックスし、途中だったWebサイトの更新作業をしながら、頭では事務室だよりの題材を考える、というデュアルシステムを稼働させます。

15：30　掃除の時間　事務室周辺という大ざっぱな領域を監督しています。仕事に集中したいときもありますが、十五時三十分を過ぎると、ガヤガヤと掃除がはじまります。百メートルくらいある廊

column

下や印刷室、とても二十分間では終わりません。十年選手のマイ箒でわたしもいっしょに掃除をしています。すごく忙しい日でも、この時間だけは、子どもたちとなごやかに掃除をすることにしています。気分転換にはちょうどよい時間です。黙って動け！　という黙動による清掃指導もありますが、口が動いて手が動かないのでなければ、楽しくやりましょうよ♪　とわたしは思っています。

15：45　不思議な子どもたち　掃除を終えて教室にもどり、「さようなら」をすると、部活動の活動場所へ向かう子どもたちが事務室前を通ります。そのなかには、かならず手を振ってくれる子もいます。毎日笑顔で振りかえしてあげると、なぜか爆笑。採用されたばかりのときから、よく笑われていました。ふつうに廊下を歩いているだけで笑われると凹みます。でも、いつしか、「子どもって、二人集まれば、なんでも楽しく思え、どんなことでも笑えるんだよね。なんか楽しいんだろう」と思えるようになりました。わたしもおとなの階段を上がっています（いや、ホントはバカにされているのかもしれないけど……）。

16：00　裏話。秘密ですよ　さて、十六時を過ぎると部活がはじまるため、四杯目のコーヒーで気持ちを引き締め、仕事に集中……、と思いきや、B教諭が尋ねてきました。子どもが生まれるというハッピーなお知らせでした。ホントは管理職へさきに伝えるのが筋なのかもしれないけれど、まず事務職員に相談する人は多いと思います。人間関係が良好な証ですかね。コーヒーを淹れてあげて、相談に乗ります。手続きのことなどをひととおり話して、校長室へ行くように促します。数分後、校長室に呼ばれ、B教諭の妊娠が伝えられますが、もちろんわたしは初耳を装う。たまに口裏をあわせられない人もいて、気まずい空気が流れることもありますが、ごまかします（笑）。

16：30 ホントに、追いこみ 気がついたら、あと三十分で退勤時間となりました。事務室だよりだけは完成させたいので、もうだれも来ないように、ふだん「開かれた事務室宣言」で開けっ放しのドアを閉めました。念のため、カギはかけずに。よし！ と気合いを入れた矢先に、C教諭が登場。「ラストオーダー終わってますよ！」とふざけてみましたが、効果なしでした。教材費の納入が滞っている家庭の相談でした。お金のことは、家庭の状況をよく知っている担任と援助制度のことをよく知っている事務職員の連携が欠かせません。そうです、多少勤務時間を超えてしまっても。だけど、保育園のお迎えにギリギリまにあうには十七時三十分がリミット。時間に遅れると、延長保育料が加算されてしまいますからね。

17：30 お疲れさまでした 十七時五十八分。「ただいまー」というわたしの声を聞いて、次男は走ってきます。そして、パンチの連打——。保育園が大好きで、帰りたくないのです。また明日ね。

第2章

教育費を担う仕事

学校財務担当者として

全国的にも、事務職員の中心的な仕事は学校財務である。いわゆる教育費、お金に関する仕事の全般を担っている場合が多い。どんなにすばらしい教育計画を立てたとしても、財務計画がともなっていないと達成は難しい。教育活動を円滑に進めていくためにも財務計画は重要であり、事務職員の仕事も、学校運営の一翼を担う重要な部分だ。本章では、学校で扱うお金に関しての現状や課題、展望などを記していく。

1 公費と私費

公費の使われ方
予算から決算まで

まず、公のお金（公費）のことから話を進めていこう。

公費とは、ひと言で説明するなら、市区町村から学校に配当されるお金のことだ。財源はもちろん、税金。多くの自治体[1]では、現金が学校に振り込まれることはなく、市区町村教育局[2]の一部として予算が明示[3]される（以下、「配当」と表現。傍注3参照）。学校を管理するためのお金（会議用テーブルや椅子など）や、授業を円滑に進めるためのお金（巨大な三角定規やコンパスなど）、文字どおりの水道光熱費、学校給食を実施するためのお金（食材料費は保護者負担）、保健室の消耗品を買うためのお金（湿布や傷テープなど）、壊れたものや施設を直すためのお金、などといった予算がある。小学校では、ウサギの餌代や治療費などもある（一般に総称して「学校運営費」と呼ぶ）。

では、教職員の給与や学校を建てるお金はどこから出るのか？　これらも公費と呼ばれる公のお金だが、教職員の給与は都道府県が三分の二を、国が三分の一を負担し、学校を建てるお金は市区町村と国が折半することが法律によって定められている。興味がある方は、「義務教育費国庫負担法」や「義務教育諸学校等の施設費の国庫負担等に関する法律」について調べてみるとおもしろいかもしれないが、迷宮に入りこむ危険性があるので注意してほしい。それぐらいややこしいのだ。

ここで扱う「公費」という言葉は、市区町村から配当された学校運営費、いわば公費のミクロな部分が主題となることだけ押さえていただければ問題ない。

公費を扱うスタンダードな流れとしては、予算要求[4]から決算報告[5]までにだいたい一年かかる。

---

1 本書での「自治体」と「市区町村」または「都道府県」との使い分けを整理しておく。「自治体」とは地方自治体のことであり、地方公共団体のことである。文章表現上「市区町村」や「都道府県」というように区別する必要がない場合は「自治体」と表現する。しかし、わたしたち教職員は身分上、市区町村の職員であるため、多くの場合は市区町村のことを指している。

2 教育局とは、教育委員会の事務をおこなう局である。水道局などと同様に、事務局のことを表す。一般的に、「教育委員会に問い合わせる」という表現は、「教育局」へ問い合わせることを意味する。かつては事務局のトップが「教育長」であり、教育委員会のトップが「教育委員長」であったが、「地方教育行政の組織及び運営に関する法律」の改正により、この制度は大きく変わった。くわしくは、村上祐介『教育委員会改革5つのポイント――「地方教育行政法」のどこが変わったのか』（学事出版、二〇一四年）などがある。

3 正しくは「令達」といい、「これだけお金を使っていいよ」という命令が下る。以下では理解を助けるために便宜上「配当」と置き換える。ようするに、お金が学校に振り込まれるのではなく、教育局としての大枠予算のなかに、「小学校費」や「中学校費」のように区分があり、さらに「〇〇小学校」―「消耗品費」などという枝分かれにより配当されている自治体が多いのだ。しかし、最近では「〇〇小学校費」という大枠で配当され、校内で枝分かれ（消耗品費〇〇円、修繕費〇〇円のような配分）を決められる自治体や、「〇〇小学校」と「□□中学校」を「△△学校園」として、そこに統合的な予算を配当するような自治体も出てきた。

4 国の予算が成立する流れとだいたい同じである。自治体は、各部局からの予算要求（こんな事業をするから、これくらいのお金が必要という要求）を受けて、財政当局（自治体で予算を扱っている部局）とのヒアリングなどを重ねていく。

5 住民に向けて、「△年度の予算はこんな感じに使いました」と報告すること。

大まかに説明すると、次年度分の予算要求が夏ごろにおこなわれ、年度内に予算を市区町村議会で成立させ、当該年度中に執行し、翌年度の五月末に出納閉鎖[6]がされ、その後、決算報告がつくられるという長い道のりを経る。

なんで公教育に「私費」があるの？

続いて、私費のしくみについて。

私費の場合は、しくみというほど複雑なものはない。ようするに、保護者から集めているお金を総称して私費という。公費が公のお金であるのに対して、そう呼ぶのだ。さらに、現場では「保護者負担金」や「学校徴収金」、または集金内容を個別に指定して「教材費」や「修学旅行費」などと表現する場合もある。保護者の財布（口座）からいただくお金と考えれば、理解しやすいだろう。言葉の定義の問題よりも、その費用をどうして集めているのか、どうしてそんなに必要なのか、という問題が主題となる。

ここで、考えてほしい。義務教育就学年齢にある子どもがいる保護者の方はとくに。

年間どれくらいのお金を学校に払っているんだろう？
どうして、こんなにお金がかかるんだろう？

これが、教育費を考えるうえでのスタート地点なのだ。この疑問に共感できる方は、これ以降の話を興味深く読んでいただけるだろう。そんなこと考えたことなかったという方は、頭の片隅、いや中心に据えながら読みすすめてほしい。

第1章で大切な条文と紹介した、日本国憲法の第二六条は覚えているだろうか。再掲すると、第一項に「すべて国民は、法律の定めるところにより、その能力に応じて、ひとしく教育を受ける権利を有する」と、第二項で「すべて国民は、法律の定めるところにより、その保護する子女に普通教育を受けさせる義務を負ふ。義務教育は、これを無償とする」と定められている。第二項後段[7]に注目してほしい。「義務教育は、これを無償とする」と書いてあるのだ。

つぎなる疑問が浮かぶはずだ。

あれ、義務教育って無償なの？　じゃ、なんでお金払ってるの？

乱暴な言い方で回答をすれば、まえに述べた公費が足りないから。漢字ドリルや問題集、実習

6　当該年度の予算を使えるのは、年度末の三月末日までが原則だが、地方自治法の「第二三五条の五」により、五月末日までは出納整理期間として未払いや未収金に対応できる。

7　第二六条の第二項のように文章が二つに分かれているときは、最初の文を「前段」といい、あとの文を「後段」という。三つの場合は「前段」「中段」「後段」となる。

材料までを買いそろえるほど予算の配当がないため、その部分を保護者に払ってもらうようにお願いし、私費として徴収しているのだ。[8]

――と、数行で説明してしまうこともできるが、ここに事務職員の大きな役割が見いだせ、それがやりがいの中心であり、マクロに語れば、社会的使命とも考えられる。

この章では、事務職員がどのような仕事をしていくことにより、「公費を増額させ、私費を減少させていく」ことができるのか、わたしの考えや実践を紹介していこう。

「そもそも義務教育は無償ではないのか？」という疑問に対応するような理論的な話は、第4章に譲る。

2 学校運営費を結合する

分離されている公費と私費

学校にはお金の流れが二本あることは、すでに述べたとおり。一本目は公費、二本目は私費だ。細かく定義すると、二本目の私費には保護者以外から集めたお金など[9]もあるが、おおむね二本としてよい。この二本が別々で動いていることについて問題提起をしたい。大きく分けると、担当者による違いと使い方の違いである。

まず、担当者の違い。公費の担当者はおもに事務職員。しかし、私費の担当者は教員の場合が多い。小学校の場合はとくに、学級事務というコンテンツに組みこまれていて、集金から決算[10]までが教員の仕事とされていることが多い。学級費[11]を例にすると、表現が悪いかもしれないが、自分ひとりで指導計画を立て教材を発注し、報告までできるのだ。もちろん、購入段階で学年主任[12]

---

8 たとえば、技術科の授業に木工制作がある。その授業で使う教材のうち公費で買えるのは、のこぎり・ニス・キリ・刷毛・釘までの場合が多く、肝心の板は私費に頼ることが多い。板も公費で買う方法や工夫などを提案していく仕事が、事務職員には求められる。

9 たとえば、後援会からの援助金がある。正確には寄付というかたちでの受領であり、強制徴収以外は違法行為とならない。また、保護者から直接ではなく、PTA組織を介した援助金も存在する。これに関してはさまざまな課題を抱えている。くわしくは4の「PTA会費・後援会費の『例年どおり』を見直す」を参照。さらに、私費は私費でも、教職員の「自腹」という実態が存在していることも、念のため記しておく。

10 小学校は私費を現金集金していることが多い。その場合、集金袋を作成し、集金名目と費用を記載し、子どもを通じて集金するのだ。そして、そこから業者へ支払う。さらに会計簿に記載し、会計報告を作成するという仕事がある。

11 前出の「漢字ドリル」や「問題集」など、購入品目を指定して集金する費用は一般に「教材費」と呼ばれ、毎月〇〇円というかたちで集金額が優先される費用を「学級費」と呼ぶことが多い。学級費の対象は、たとえば、学級（教室）で授業の補助教材として使うもので画用紙などを指すことが多い。「多い」と表現したのは、しっかりとした支出基準がなく千差万別の場合が多いからだ。「学級費」と「教材費」に関しては、別に項目を立てて検討する。

12 一昔前の学校は、トップに校長がいてその下に教頭がいる、そして、教諭はみな並列という「なべぶた型」の組織であった。しかし、現代では教頭と教諭のあいだに、中間管理職的な「主幹教諭」や「指導教諭」が法制化され、「ピラミッド型」に近づいてきた。学年主任は管理職ではないが、その職務は指導的な立場にもある。学校教育法施行規則には「校長の監督を受け、当該学年の教育活動に関する事項について連絡調整及び指導、助言に当たる」と規定されている。

などに相談したり、会計報告の決裁を管理職に求めたりすることはある。第1章で述べたように、それでなくとも教員は忙しいといわれている。購入物品を一つひとつ精査しながら進めていくことはひじょうにたいへんだ。「お疲れさま」とねぎらうことしかできない、いや、その状況に対してどうすることもできず、受け入れている事務職員も多い。

授業に関することは教員が、それ以外に関することは事務職員でもできるという感覚が一般化している。もちろん、授業をするのは教員だが、事務職員だから授業に関することはノータッチということではいけない。なぜならば、学校にいる事務職員、学校事務職員だからだ。教育事務[13]を扱ううえでは授業、とかく教育に関する知識や認識が必要なことは論を待たない。

さらに、公費も私費も同じく教育活動に必要なお金なのだ。担当者の違いにより分離するのではなく、総合的に扱っていくべきである。ここで重要なのが、「分業」ではなく、「協働[14]」ということだ。教員においても事務職員においても、分業しなくてはならない仕事[15]はあるが、とくに教育費を考えていくうえで協働は欠かせない。

そのため、公費は公費、私費は私費と分離的に分業をするのではなく、結合的な協働が必要なのだ[16]。

ついつい使い勝手のいい私費に流れがち

公費と私費を結合するのがベストと考えるが、デメリットというか、乗り越えなくてはならない壁がいくつか生じる。それは、公費を使うための手続きにある。

公のお金を使うため、煩雑な手続きを踏むことは避けられない。しかし、学校現場は待ってくれないことも多く、公費で購入するとなると、「明日ほしいから、すぐに買いにいく」ということに対応できない。ここにふたつ目の「使い方の違い」も出てくる。

まず、購入販売店が限られていることがある[17]。基本的にはディスカウントストアなどでは買いものができない。もちろん、コンビニエンスストアや百円ショップもダメだ。原則は自治体に債権者登録[18]をしている業者となる。逆に、債権者登録をしていれば購入可能なディスカウントストアなどもあるが、コンビニエンスストアや百円ショップが登録しているという話は聞いたことがない。そのため、自分の足で買いに出かけるということは基本的にはない。電話やファックス、メールなどによる発注が基本となり、タイミングよく当日商品が届くことをのぞけば、納品まで

13 「学校事務」を「教育事務」と称した「日本教育事務学会」という学会がある。くわしくは巻末参照。

14 「きょうどう」という言葉には、「協働」「共同」「協同」がある。ここでは「協働」（同じ目的のために、対等の立場で協力していっしょに働く）を使う。

15 教員に給与明細を配布させることはできないし、事務職員が成績をつけることもできない。

16 公費と私費を結合して称する場合は「教育費」という文言を使うこともある。

17 地域振興との兼ねあいで、同一自治体内に住所を置いている業者を優先するような慣例や通知がある場合があり、公正取引の原則との整合性の問題も考えられる。

18 自治体と取り引きする販売店は、代金を受け取るために、振込先口座などの登録をする必要がある。その手続きを債権者登録という。

に数日かかるのが前提だ。よって、どこでも現金で買いものができる私費のほうが使いやすいという実態があるのだ。

また、公費の執行には時間がかかる。公費は、住民から集めた税金であり、「地方自治法」や自治体の財務規則といったような定めに従った手続きをおこなう必要がある。流れをかんたんに説明すると、①商品の決定、②相見積もり[19]、③予算との照合、④決裁[20]、⑤発注、⑥納品、⑦支払い[21]、となる。

ここで問題となるのは、相見積もりにかかる時間くらいであろう。商品さえ届けば、授業はできる。そのあとの仕事は事務職員がおこなうのだから。

子どもあっての授業だから、進みぐあいや子どもの状況をかんがみて、予定していた授業を先延ばしにしたり、前倒しにしたりすることは否定しない。多少の時間さえあれば、公費で対応することだって可能となる。カタログの価格を暗記するほどではないが、あるていどは経験で価格も想定でき、購入業者の目途もつく。

基本的には、できるかぎり年間を見越して必要な教材などを洗いだしてもらい、年度初めに買いそろえてしまう。明日どうしてもほしい！　という緊急事態は例外である。

お金の流れの交通整理から保護者負担金の軽減へ

保護者の負担、いわゆる保護者が負担しているお金（私費）を減らしていく取り組みも事務職員には求められている。公教育は公費で運営していくことが基本とはいえ、公費の配当が少ないため、私費というかたちで保護者からお金を集めているメカニズムは述べたが、負担は少ないほうがいいだろう。保護者には、学校からの集金は、なによりも最優先に支払うべきだという感覚も少なからずあると聞く。

私費のことを、「学校『徴収金』」という第二の税金のような名で呼んでいるのがスタンダードだが、当然、すべての家庭が気軽にお金を払えるわけでもない。そのための援助制度が「就学援助制度」だが、この制度にも限界がある。[22] そのため、総合的な資金運営をおこない、保護者の負担を減らしていくことが必要なのだ。

まず、公費を担当している事務職員が指導計画に寄り添うことが求められる。そう、事務職員も授業を考えていくべきなのである。こんな授業をしたいという授業者に対して、こんな教材なら用意できるという協働で、指導計画を促進していくことだ。教員だけで授業を計画して、必要

19 購入先の業者を選ぶさいに、複数の業者から見積書をとり、金額や規格などの内容を確認すること。
20 「購入してよいか」の決裁を上席に稟議する。金額により異なるが、校長に決裁権がある場合と教育局の課長などの決裁が必要な場合がある。
21 財政当局（自治体の財務を統括している課部局）へ支出の命令を出し、業者への支払いをお願いする。多くの自治体では教育局を経由し処理がおこなわれる。
22 くわしくは第3章の5「子どもの就学を保障する」を参照。

な教材を買うために保護者からお金を集めるという流れでは、公費の介入が難しく、いつまでたっても保護者の負担は減らない。

公費を上手に使うことで、かならず私費は減らせる。そのためにはまず、公費の不足分を明らかにして、自治体へ公費の増額を求めることが手っとり早い。公費予算増額に対する署名を集めて請願や陳情をおこなうことができるが、方法としては手っとり早くても、それだけでかんたんに増額されることは難しい。それゆえ、学校現場でできることを考えていく必要がある。

ひと言で言えば、やはり協働である。事務職員が教員と連携することが大事なのだ。事務職員は全国各地で、市区町村の要綱や規則[23]によって「財務担当者」や「契約担当者」という職指定を受けている。[24]そのため、他職種にはないような財務や契約に関する研修を受けたり、勉強したりして会計実務にも精通しているわけだ。見積もりのとり方や契約・決済の方法など、私費に関する処理も公費に準じておこなうべきであり、専門分野であるといってよいだろう。

さらに、事務職員は公費予算を担当することにより、教科や分掌、学年・学級の枠を越えて学校全体のお金の流れを調整する仕事もしている。事務室は学校で扱うお金の交通整理をするプラットフォームともいえるのだ。その結果、公費と私費を総合的に考えていくことができ、保護者の負担を軽減していくことにもつながる。学校経営における指導計画と財務計画は両翼であり、どちらかが偏ってしまっても進むべき方向が狂ってしまう。そんな財務計画の中心にいるのが、学校財務[25]を担う事務職員なのである。

3 教材・教具と授業にまつわるお金

「算数セットは個人持ち」を考えなおす

「受益者負担[26]」という考え方がある。読んで字のごとくだが、利益を受ける者がその利益を得るためにかかるものを負担するという意味だ。教材[27]でいえば、最終的に自宅へ持ち帰るものと定義することが多い。図工や美術の時間につくった作品は家に持ち帰る。それをつくるために必要な画用紙などの材料は、受益者負担の観点からは個人負担（＝私費）となる。では、調理実習で使う食材料は？　もちろん、お腹に入った状態で持ち帰る（？）ため、個人負担という考え方がま

23　ごくかんたんに説明すると、教育委員会や教育長の命令のこと。たとえば、『学校財務取扱要綱』などで「第△条　契約担当者は事務職員とする」というように定められている条文形式の命令である。

24　全国公立小中学校事務職員研究会が二〇一三（平成二十五）年に発表した『平成二十四年十一月期調査』（事務職員の職務と職指定に関する調査）による。組織についてくわしくは巻末を参照。

25　財務とは財政に関する事務をいう。そして、学校に関する財務のことを学校財務と呼ぶ。大きく括ると「学校に関するお金を扱う事務」という意味になる。本書でも、学校財務という言葉は「学校のお金に関する事務」を総称する。

26　ここに至る歴史的な背景については、第4章の1「教育無償化の経緯と展望」を参照。

かりとおっている。はたして、それでいいのか？

では、算数セット[28]はどうか。算数の授業で使う場合が多く、ほとんど家では使わないが、持ち帰る。そのため、多くの学校では個人負担（＝私費）となっている。小学校の教材といったら算数セット、というくらい有名な教材なので、算数セットを例にして個人所有と学校所有（共有）に関する説明をしてみよう。

算数セットの購入方法は四パターンある。①個人負担で買わせる（＝私費）。②学校で買い、貸し出しとする（＝公費）。セットで買わずに、「数え棒」や「おはじき」などをバラで買う（＝③公費で買う、④私費で買う）。ひとつずつ検討してみよう。

①個人負担で買うほうがよいという主張がある。これは受益者負担の考え方と関係しているわけだが、百歩譲って、授業中は理解を助けてくれる教材としての個人利益を考えられなくもないが、自宅に持ち帰って、算数セットを使用して復習や予習をする子どもが何人いるのかという疑問が残る。しかも、六年間使うわけではなく、低学年限定だ（ほとんどが一年生）。さらに、中身にもよるが、三千円近くするセットもある（算数セットといっても一種類ではない）。受益者負担の原則から個人に負担させるということは、費用、使用頻度、利益還元、再使用などの面から再検討が必要だろう。

②学校で買う場合のメリットとデメリットを考えてみる。メリットは、保護者にお金を負担させる必要がなくなること。デメリットとしては、学校で管理すると担任の負担が増すということ

が挙げられる。個人負担させる場合は、数十個・数十本単位で入っている数え棒やおはじき、ブロックなどに一つひとつ名前を書く。いわゆる入学式前の親の試練だ（いまは、専用シールやスタンプまで販売されているらしい）。

学校で買うとなると、自治体所有の財産となる。そのため、一つひとつ名前を書くまでは、さすがにやらなくていいかもしれないが、紛失対策を考えると、授業が終わったあとに数をチェックする必要性が生じるだろう。

また、低学年ということもあり、たとえば、算数セットを準備室から持ってくるなどという準備の時間も意外と無駄であるという意見や、家庭学習でも使えるように個人持ちを推奨する意見もある。しかし、それらを考慮しても家庭に置いておきたいような教材なのか、疑問が残り、負担させるような金額でもない。やはり、わたしは学校でそろえるべきだと思うし、じっさいに学校で購入した事例もある。[29] その学校では、ラベル張りなどの作業は教職員でおこなったらしいが、

---

27 「教材・教具」という定義は難しい。「教材」とは授業で扱う単元のことをいう。たとえば、二年生「国語（東京書籍）」の教材にレオ・レオニ作（谷川俊太郎訳）の「スイミー」がある。そして、基本的には教科書のことを指すが、そのほかにも教科書以外の有益な教材を副教材として使用しているのが一般的だ。たとえば、漢字ドリルや資料集などがある。また、「教具」は教えるための道具として、大型の三角定規や分度器、標本などと考えられる。さらに、文部科学省は、二〇一一年に校種別の「教材整備指針」を発表した。それには、大型の三角定規のように授業中に子どもの理解を助ける道具が挙げられている。この方針にもとづくと、それらは「教材」となる。このような区別の方法もあるが、明確な基準があるわけではない。本書では「授業で使う教科書以外の補助材料も『教材』」と定義して説明する。スイミー、漢字ドリル、大型三角定規も教材としてしまう。

28 たし算、ひき算などをわかりやすく学ぶための道具セットである。数字が書かれているカード（数カード）や、数えるための棒（数え棒）、おはじき、ブロックなどが入っている詰め合わせ。

購入する負担がなくなった保護者の喜ぶ声に押されて、今後も継続するとのことだ。

公費で購入といっても、学校の予算から捻出するのではなく、教育委員会から入学祝いというかたちで現物支給する方法はどうだろうか。卒業祝いとして定規セットや印鑑をプレゼントしている実例もある。それにくらべると値は張るが、検討の余地がないわけではないだろう。

③と④は、セットにふくまれている教材をバラで買う場合である。セットのなかには使用頻度が低い教材もあるのだ。いろいろな教員に話を聞いても、意見はバラバラ。セットが望ましいという人もいれば、使用頻度が高いものだけあればいいという人もいる。それを学校としてどうするかを考えなくてはならない。

たとえば、セットでクラスの人数分を買うとすると、四十セット×三千円で十二万円。しかし、数え棒だけクラス分を買うと、一万円程度でそろえることができる。そう考えると、個人所有のものと学校所有のものを区別するという方法で、そろえるパターンもあるだろう。

わたしは、すべてのパターンを事務職員という立場で経験したことがある。メリットやデメリットを考えだしたら、きりがない。費用面に重点を置くか、使い勝手に重点を置くかということになる。事務職員の立場からいえば、セットで買うにしても、バラで買うにしても、公費でそろえて学校に保管することが、望ましい算数セットのあり方なのではないかと考える。

教育活動の受益者は個人なのか、社会全体なのかという点でも考えてほしい。

教育を受けることは個人に利益が還元する。高い学力を身につけて大学を卒業し、大企業に就職するのは個人だ。そのため、利益を受けるのも個人だという考え方がある。もちろん、高い学力を身につければ、進学や就職の選択肢が広がるということはあるだろう。

しかし、アメリカの教育哲学者、ジョン・デューイ（John Dewey）は、「義務教育で義務を負っているのは社会全体である」という言葉を残している。義務教育によって子どもたちが獲得するさまざまな能力は、社会のなか（他者との関係）で発揮されて意味をもつという考え方だ。そのように考えると、教育により利益を受けるのは、特定の個人というよりは社会全体であり、国民のすべてが「受益者」であるという考え方もあるのだ。

この問題、みなさんはどう考えるだろうか。

事務職員は授業も学べ

つぎに、事務職員と教材の関係について少し語ろう。算数セットの部分でもふれたが、事務職員は、算数の授業をするわけではないにしても、算数セットを公費で買うか私費で買うかという議論には加わるべきだ。そのために、学習指導要領[30]などを学びながら、授業という教育活動のメインワークについても考えていくことが必要だ。事務職員の職務を「授業以外はなんでもでき

29 「毎日新聞（教育面）」（二〇一一年五月二十二日）

る」と説明する人もいる。そう考えると、授業自体ではない指導計画にもかかわっていくべきだろう。

学校財務を担当しているのは事務職員だと、再三述べている。当然ながら、教材を購入するのも仕事の範疇であり、選定もその一部だ。教材を選定するための「教材選定委員会」などの組織を校内でつくり、一つひとつの教材に関して選定している取り組みもある。それを事務職員のイニシアティブで進めている場合も多い。しかし、じっさいに授業をしない事務職員がどのように教材選定にかかわるか、選定基準を裏づけるための知識をどのように培っているのか、疑問もあるだろう。

学習単元と使用教材に関する知識が必要なことはいうまでもないが、授業での使われ方などをふまえて考えていく必要が求められる。まずは、自分の学校で定められている教育課程を学ぶことか

協働による教材選定のイメージ

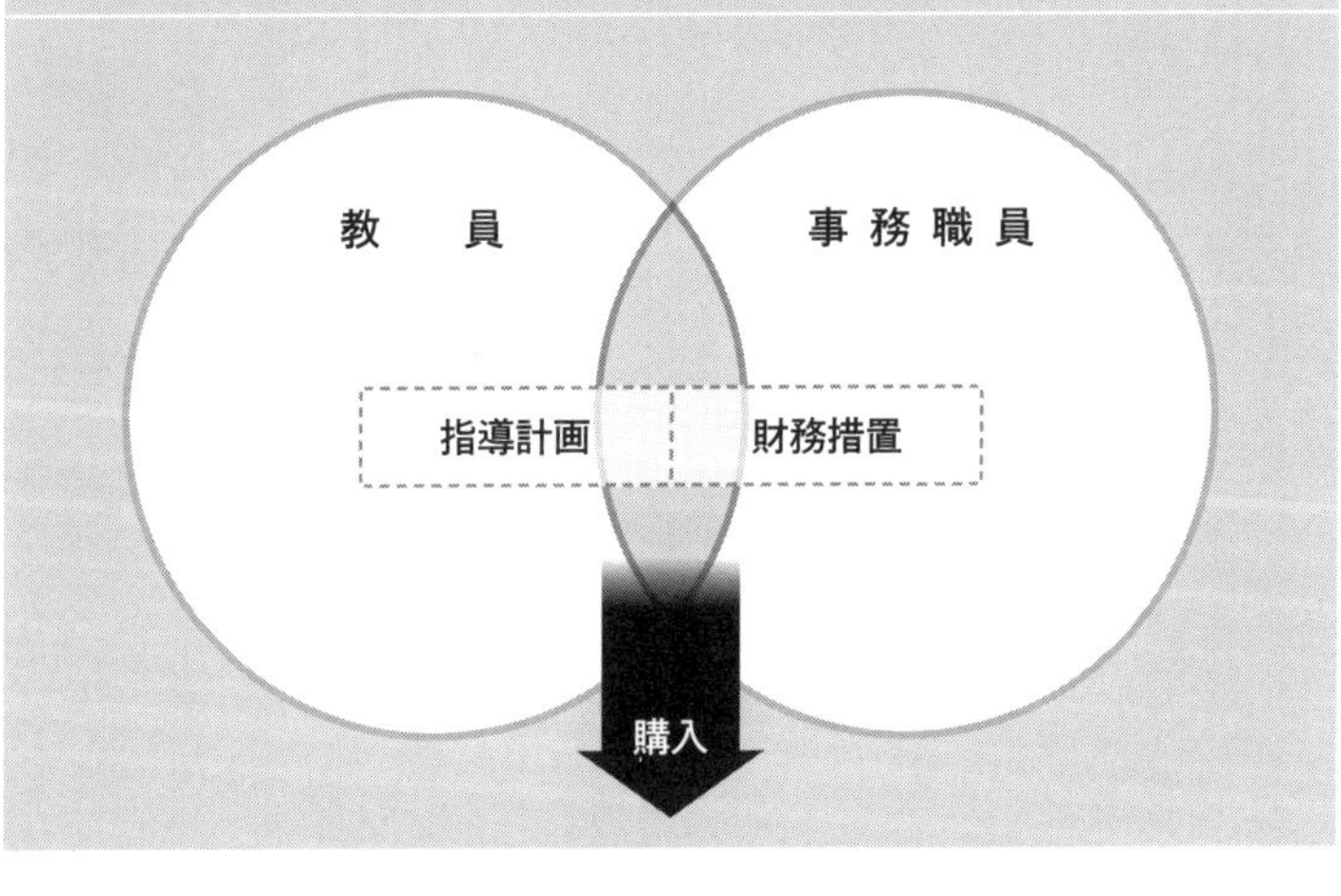

らはじめている。

現在では、「シラバス」という学習案内を配布している学校が多く、保護者は学習計画をかんたんに知ることができる。保護者向けに書かれている学習計画のため、事務職員が読んでも授業内容を理解しやすく、便利な冊子だ。学校ではこのほかに、多少難しい言葉で書かれた「年間指導計画」というものも作成しており、それによって一年間の授業内容とスケジュールが決まる。

しかし、完全にスケジュールどおりにいかないこともあるので、学年だよりや学級だよりなどを使って授業の進捗度などを保護者に伝えている。さらに、学校では週案という週間計画も立案され、より詳細な計画のもとで授業がおこなわれている。

週案作成まで事務職員がかかわっている場合は少ないと思うが、知らなくてもよい情報ではない。事務職員が主体的に取り組む部分は予算措置であり、その部分に教員も引きよせる必要がある。それが、「協働による教材選定のイメージ」となる。

このイメージを実現させるために、事務職員の研究会で研究したことがある。そのときの成果について紹介しながら、イメージの詳細を説明していきたい。

この研究では、教員との「協働」で教材選定をおこなうことで、学校にとってよりよい教材を

30 文部科学省のWebサイトによると「全国のどの地域で教育を受けても、一定の水準の教育を受けられるようにするため、文部科学省では、学校教育法等に基づき、各学校で教育課程を編成する際の基準を定めています。これを『学習指導要領』といいます」と定義されている。「学習指導要領」は、校種別に定められており、各教科などの目標や教育内容が書かれている。各学校において、この学習指導要領をふまえた教育課程が組まれるのだ。

準備できる（指導面でも財務面でも）と提案した。成果物として、「教材整備及び財政基準案【理科編】」（以下、「理科教材の基準」）という百ページにもなる資料をつくった。

　教科書を開いたことすらなかった研究会のメンバーもいたが、小学校三～六年の理科における全単元[31]に関して、目標やねらいにそくした教材を提案し、あわせて価格の提示もした。年間指導計画には、一般的に予算の裏づけが書かれておらず、多くの場合は財務計画が検討されていない段階で企画案が承認され、実行に移される。そして、あとから必要なものが出てきて、「おねだり」がはじまる。

　こういったことから、年間指導計画に対する予算の裏づけを提案した。当時の研究は、小学校「理科」にスポットを当てた。理由としては、ほかの教科にくらべて教材を多く使うこと、教科

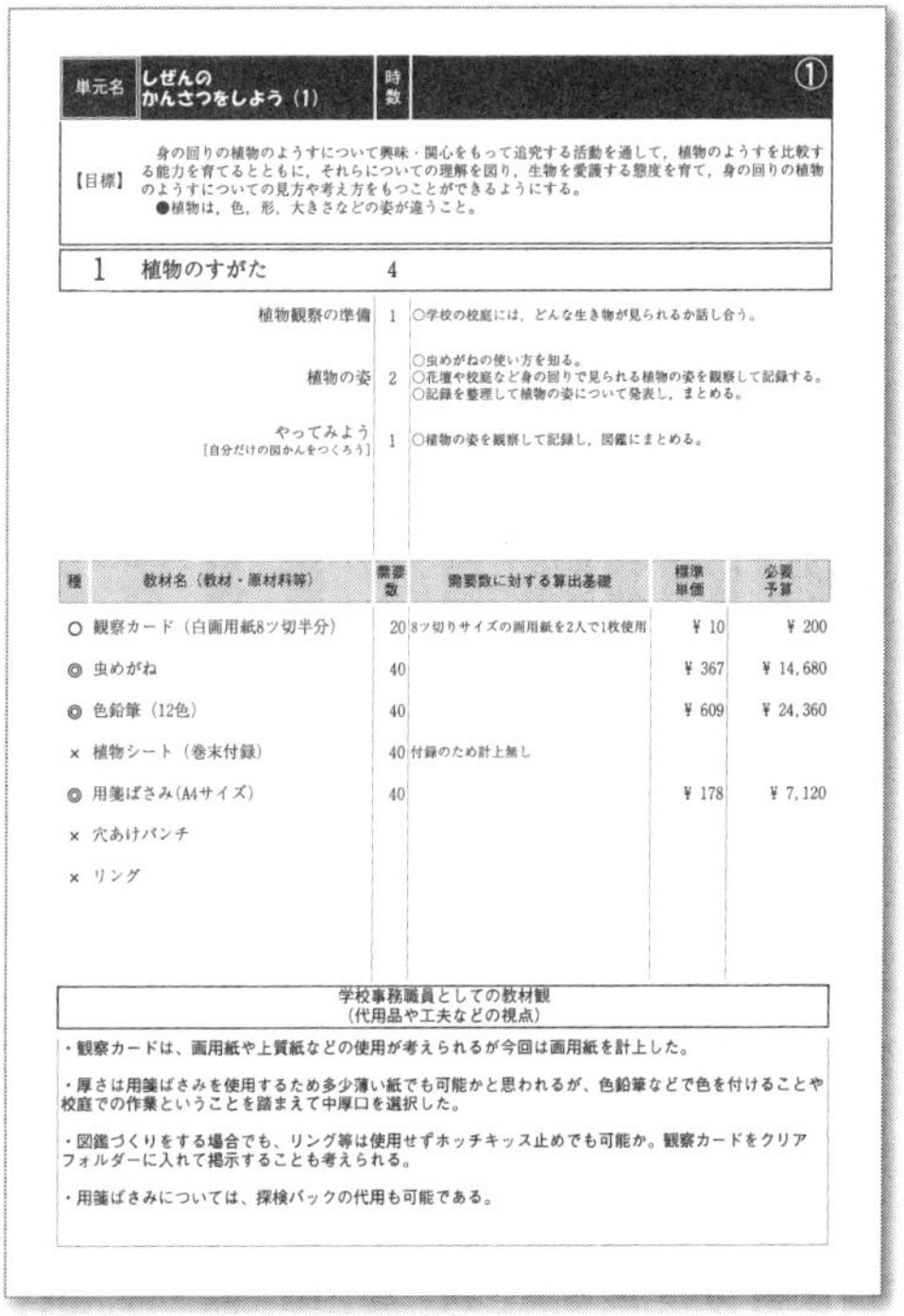

単元名	しぜんのかんさつをしよう（1）	時数	①

【目標】
　身の回りの植物のようすについて興味・関心をもって追究する活動を通して，植物のようすを比較する能力を育てるとともに，それらについての理解を図り，生物を愛護する態度を育て，身の回りの植物のようすについての見方や考え方をもつことができるようにする。
　●植物は，色，形，大きさなどの姿が違うこと。

1　植物のすがた　4

植物観察の準備	1	○学校の校庭には，どんな生き物が見られるか話し合う。
植物の姿	2	○虫めがねの使い方を知る。 ○花壇や校庭など身の回りで見られる植物の姿を観察して記録する。 ○記録を整理して植物の姿について発表し，まとめる。
やってみよう［自分だけの図かんをつくろう］	1	○植物の姿を観察して記録し，図鑑にまとめる。

種	教材名（教材・原材料等）	需要数	需要数に対する算出基礎	標準単価	必要予算
○	観察カード（白画用紙8ツ切半分）	20	8ツ切りサイズの画用紙を2人で1枚使用	¥ 10	¥ 200
◎	虫めがね	40		¥ 367	¥ 14,680
◎	色鉛筆（12色）	40		¥ 609	¥ 24,360
×	植物シート（巻末付録）	40	付録のため計上無し		
◎	用箋ばさみ(A4サイズ)	40		¥ 178	¥ 7,120
×	穴あけパンチ				
×	リング				

学校事務職員としての教材観
（代用品や工夫などの視点）

・観察カードは、画用紙や上質紙などの使用が考えられるが今回は画用紙を計上した。

・厚さは用箋ばさみを使用するため多少薄い紙でも可能かと思われるが、色鉛筆などで色を付けることや校庭での作業ということを踏まえて中厚口を選択した。

・図鑑づくりをする場合でも、リング等は使用せずホッチキス止めでも可能か。観察カードをクリアフォルダーに入れて掲示することも考えられる。

・用箋ばさみについては、探検バックの代用も可能である。

「教材整備及び財政基準案【理科編】」より

書を読むだけでも授業内容が想像しやすいことなどがある。

単元別に学習の目標やねらいなどを考慮しながら、考えられる教材を挙げ、数量と価格を調べた。事務職員は、じっさいに授業を担当したことがないため、教科書を基本として、授業の進め方をイメージしながら、流れのなかで必要な教材をピックアップしていく。

教科書だけではわからない指導に関するポイントなどは、学習指導要領やその解説[32]に立ちかえり、なるべく広範囲の情報を収集しながら選定した。さらには、指導書[33]を借りて勉強したり、直接、授業者と相談したりして現場の意見も考慮しながら、より深みのある資料をめざした。

イメージが難しい単元は、じっさいの授業を見て学ぶ機会もつくった。教材研究などのために事務職員が授業を参観するような実践も増えてきている。やはり、学校のメインワークは授業なのだから、事務職員といえども授業を体験するべきだろう。授業を見ると、新しい発見をすることが多い。

たとえば、わたしが提案書の作成を担当した第三学年では、校舎周辺など身近なところの観察

31 単元とは学習指導の単位。たとえば、小学校三年生の理科には「植物を育てよう」という単元があり、植物の育ちや体のつくりを学習する。

32 「学習指導要領解説」のことで、学習指導要領の内容を明確にするために文部科学省が作成している冊子である。学習指導要領とあわせて文部科学省のWebサイトで公開されている。

33 教科書発行会社が作成している教員用の指導書のこと。単元や教材、指導に関する研究がなされている。授業を進めるうえでの必須アイテムという教員は多いだろう。価格は教科書の三十倍くらいであり（たとえば二万円など）、たいへん高価。もちろん、これについて予算措置しなくてはならない場合もある。

（植物や昆虫）から学習に入る。そのなかのひとつ、昆虫の成長のようすを観察する単元では、「モンシロチョウの卵」が教材として必要となる。「モンシロチョウの卵なんて売ってるのか？」[34]と疑問に思い、学習指導要領やその解説を読んだが、入手経路などのアドバイスは書いてない。そこで理科担当教員と話しあってみると、興味深い話を聞くことができた。

「むかしはそこらへんのキャベツ畑から探してきたけど、この地域は身近に畑ないよね。だから、『見つけられる人は持ってきて！』と子どもに話をするんだよ」というのがスタートラインになるらしい（そういえば、わたしもキャベツ畑で探して、学校に持っていったな）。しかし、最近はそうかんたんに集まらない。ほかの方法として、学校でキャベツを栽培するのは難しいが、アブラ菜などにも付着するため、学校でアブラ菜を育てたこともあったという。

そうやって集めた卵が孵化したところ、モンシロチョウではなく、違うチョウが巣立ってしまったこともあったとか。また、理科に関する研究会に参加すると、「卵いっぱいあるとこ知ってるよ」とか、「いっぱいとったから、分けようか？」という話にもなるらしい。

さらに、教員とディスカッションした内容も少し紹介する。まず、植物の単元では、個々に栽培するか、花壇で共有するのか、さらには観察・記録用の色鉛筆は個人持ちか、理科室保管で共用するのか、意見が分かれた。また、教科書に書いてある方法で子どもより背の高いヒマワリの高さを計測する準備を、あの手この手で考えたが、かならずしもヒマワリを育てなくてもねらいは達成できるというオチに。

磁石や電気、重さの単元では、身のまわりにあるものを実験材料として使うことを想定したが、学習のねらいに沿った効果[35]が出るような配慮が必要なことがわかった。

風やゴムの単元では、風で動く車のタイヤを「プーリー（滑車）と竹ヒゴ」で手づくりするか、「タイヤセット」を購入するか選択の余地があるため、比較できるよう両方用意する想定をしたが、この学習では比較した結果を学ぶのではない、ねらいが曖昧になるようなことはしない、と一刀両断される場面もあった。

ほかにも、教科書や指導要領などの文字を読むだけでは得ることができない、授業者としての経験値や思い、考え方にふれることができた。教材選定において、一方通行ではない事務職員と教員との「協働」は、よりよい授業を展開するためにも、たいへん重要だと再認識することができた。事務職員も授業を支えられるし、じっさいに支えてもいるのだ。

34　興味があって調べてみたら、なんと販売していた。インターネットで一卵百円という価格がつけられていた。人工飼育セットなるものまで売られている。ちなみに、孵化率は五〜八割らしい。

35　たとえば、磁石の単元だったら磁石につくかつかないか、電気だったら電気を通すか通さないかという、学習の導入のための実験がある。このていどなら身近なものでも両方を体験できるだろう。しかし、重さとなると、「物の重さと種類」という単元に、見た目は同じでも重さが違うものがあることを体験させる必要が出てくる。同じ大きさ・形の木と鉄をくらべるような実験だ。そういった場合には、あらかじめ実践材料を用意しておく必要がある。そんな都合のよい材料は、身近には転がっていない。

解剖にいいイカは冷凍？　生？

教材をとおして事務職員と授業がつながった事例は、ほかにも聞く。

こんどは中学校の理科。第二学年に無脊椎動物を扱う単元がある。そこで、イカの解剖をしたいのでイカを買ってほしいと、事務職員に相談があった。ふと、購入にあたり「生」か「冷凍」、どちらを用意したほうがよいか疑問が生じ、理科部会[36]へ投げかけたそうだ。

すると、理科を担当している全員がくらべたことがないということで、事務職員と理科担当教員で比較解剖をすることになった。そのなかで、ベテランから若手に、解剖の注意点や子どもたちへの指示に対する指導がはじまった。事務職員のふとした疑問から、教員の新しい視点が発見でき、先輩から後輩への指導の場が設けられ、さらにはそれがよりよい授業へつながったという、一石何鳥にもなった実践だ。

結果的には、「生」も「冷凍」も、からだのつくりや特徴を調べるという単元のねらいに関する達成度に変わりはないことがわかった。しかし、「生」の場合は寄生虫がいる場合もあるため、同じ結果なら「冷凍」がよいだろうという授業者の判断があり、事務職員としても「生」を当日購入するのはなかなか難しいことから「冷凍」を選択したいところであったので、両者の意見は一致した。

公開授業に向けた模擬授業に事務職員が参加し、教材について授業者といっしょに検討を進めたという実践もある。小学校第四学年の算数に、長方形を組みあわせた図形の面積の求め方という単元がある。そこで、凹型図形の面積の求め方がとりあげられていた。

しかし、子どもにさせたい学習活動と教材が、どうも一致していないように感じたという。凹型に成形されたマグネットシートを子どもたちに配り、それを切るなりして工夫を加え、いままで習った方法で面積を求められる形に変えることが、ひとつのねらいである。しかし、厚いマグネットシートは子どもたちには意外と切りづらく、しかも補助線もないため、苦難の連続だった授業後の研究協議で、ほんとうは、方眼が書かれたマグネットシートがあると説明しやすかっという話題があがったが、そういった教材は身近に販売していなかったらしい。そこで、事務職員は、透明ラベルシールに方眼を印字してマグネットに張りつけることで代用できないかと、提案した。しかし、マグネットシートを切るという作業は回避できないので、課題は残る。

さらに考え、子どもたちでも扱いやすい薄いシートを見つけだすことに成功した。しかも、直

36 学校には、教科ごとに部会が設置されていることがふつうだ。国語科部会や社会科部会というように、担当教員の集まりがある。中学校では教科担当制などでわかりやすいが、小学校でも教科研究を進めていくために部会を設置し、主任を中心に研究を進めている。中学校では自動的に教科部会に属する人間が決まるが、小学校は毎年メンバーがかわり、主任もかわる場合が多い。教科以外にも、情報教育部や環境教育部などといった専門部会も設置されている。

37 公開授業といっても種類は多くある。校内で研修を目的にある授業を公開して、その後に研究協議をするというパターン。さらに外部から指導者を受け入れるパターン。単純に保護者や地域に公開するパターンなどがある。ようするに、いつもの授業とはちょっと違う空気でおこなわれる授業である。

接プリンターで印字ができるすぐれものであった。価格は通常よりも高かったが、安物で単元のねらいが達成できないのでは本末転倒である。指導計画の段階において教材の必要性を話しあうことで、予算担当者としてコストパフォーマンスの視点を加えることができ、教育効果との折衝につながるのだ。

わたしの経験もいくつか紹介しよう。小学校第三学年の理科に「風やゴムのはたらきをしらべよう」という単元がある。そこでは、「風やゴムのはたらきを知る」という学習のねらいがあり、教科書では風で動く車を教材として紹介し、授業の展開を示している。

ここで、風で動く車を用意するときのパターンがいくつか考えられる。①風で動く車作成キットを四十個購入する。②車を自作するために、タイヤセットやプラスティック段ボールなどを四十台分購入する。③同じく自作するために、段ボールは学校で集め、タイヤ部分は竹ヒゴと滑車のような丸いものを四十台分購入する。もちろん、「風やゴムのはたらきを知る」という単元のねらいが達成できれば、かならずしも車をつくる必要はないのだが、それはさておき、この三パターンに対して、公費で買うか、私費で買うかの選択がある。そのため、ぜんぶで六パターンが考えられる。当時は実践が進まず、わたしの学校は①のパターンを私費で購入していた。

身近なところでも、①の車作成キットを私費で購入している場合が多い。私費の軽減に積極的な学校は、②を公費で購入しているパターンもあるだろう。また、①を公費でそろえてしまうという方法もある。種類にもよるが、作成キットの場合は二百円程度で一台購入できる。この単元で求められていることは「風やゴムのはたらきを知る」という学習効果だ。四十台つくっても、③程度なら負担は少ない。①なら八千円、②の場合は中間あたりになるだろうか。

そして、私費で購入した場合、学習後に自宅へ持ち帰ることになるだろうが、算数セットのように、自宅での使用価値は低い。たとえ二百円だとしても、この単元でしか基本は使わない。そう考えると、①〜③のどれかを公費で購入することが望ましいだろう。しかし、継続した使用を想定した場合、車作成キットを公費で購入し、経年劣化などに対応するメンテナンスをしていくことがベストだろう。教員の負担を考えた場合でも、このていどなら算数セットの管理よりはたいへんでないと思われる。四十台分の保管スペースさえあれば、かんたんに管理できるだろう。

ほかにも、中学校の技術科では、二〇一二（平成二十四）年の学習指導要領改訂により、「材料と加工に関する技術」「エネルギー変換に関する技術」「生物育成に関する技術」「情報に関する技術」という四本柱の一本となった、生物育成の単元がある。

以前は、「技術とものづくり」と「情報とコンピュータ」という二本柱で、技術とものづくりのなかに「作物の栽培」という単元があったが、学校の実情により、かならずしも草花や野菜などの普通栽培をしなくてもよかった。そのときの技術科担当教員は、普通栽培による授業をはじめておこなうということで、教材販売店が提示したセット教材（鉢や土、種のセット）を私費で購入してもらうという前提になっていた。

しかし、その予算検討段階で、鉢、土、種を別々に購入する計画を提示して、見積もりをとってみた。すると、一人あたりで換算したら、セット教材の半額以下でそろえられることがわかった。そのため、私費で購入を前提としていた栽培の教材は、公費で全員分を購入することになった。教員の負担を考えれば、セット教材のほうが負担は少ないのかもしれないが、そこはコスト重視でお願いした。

まだある。家庭科で「ぬいぐるみ針」の要望があり、使用例には「縫い方の見本を見せるため」と書かれていた。通常より少し大きい「ぬいぐるみ針」で見本を見せることがいちばん適しているのか？　小学校ではそろばんを扱うときに、通常サイズの二十倍くらいの特大そろばんを使っていたことを思い出し、それと同じく、縫い方の見本なら、もっと大きい編み棒を使ったら？　と相談をしてみた。結局、編み棒はじっさいに縫うことができないため、結果的には多少でも大きな「ぬいぐるみ針」を公費で用意することになったが、これも教科担当と話さなければわからないことだ。

このようなエピソードは、学校財務を担っている事務職員は多く経験している。事務職員がかかわることで、授業の進め方が大きく変化することもある。本来、授業を計画するためには、「指導案」[38]だけではなく、当然「予算案」も必要になる。学校のお金を担当している事務職員として、日々の指導計画、年間指導計画にも積極的にかかわっていくことが求められるのだ。

そのため、年度初めに教材などの購入希望調査を依頼し、公費と私費の区分なく教育計画に必要な教材を調査している。「ほしいものがあったら事務職員へ」というルートを、まえもって確保しておくのだ。

購入希望調査書という書類をつくり、記入してもらうわけだが、カタログ価格やメーカー名ではなく、年間指導計画に沿った単元やじっさいの授業での使用例を記入してもらっている。これにより、公費と私費を区別することなく、授業で必要な物品をすべて把握しあうことができ、年間指導計画や授業内容を想像しながら、授業に最適だと思われる教材を購入することができる。

だんぜん安い版画板に落とし穴が

教材選定に関する仕事は、相見積もりによる価格調査や、授業で使いやすいかどうかといった規格調査など、購入前の仕事も大切だが、購入後のふりかえりもたいへん重要だ。授業者にしてみれば、安く買えた！　ということがすべてではなく、それをどのように使っていくかのスタート地点とも考えられる。そのため、事務職員としても、買ったら終わりではいけない。

じっさいの例を挙げて考えてみる。

中学校の美術科教材、版画の話だ。通常、年度初めに学校予算が配当されると、事務職員が各

38　正式には学習指導案という。授業をどのように進めていくかを記載した計画書のこと。単元のねらいや児童・生徒観、教材観などを文章でまとめ、「導入〜展開〜まとめ」のように授業の流れを記載する。板書計画といって、黒板に書くイメージを載せることもある。

教科や分掌に対して購入希望を調査する。そこに、美術科担当教員から出た要望で「版画板」があった。版画板は教材販売店で購入するのが、一般的。多くの場合は、シナベニアという版画に適した材質の板を購入する。

しかし、そこでわたしは考えた。教材販売店よりも木材販売店のほうが「板」は安いのではないだろうか。餅は餅屋にお願いしようと考え、教材販売店だけではなく、木材販売店にも見積りの作成をお願いした。材質はシナベニアと指定せず、版画をおこなうために適したものという条件をつけたのだ。

その結果、教材販売店よりも木材販売店屋のほうがだんぜん安い見積もりが届いたのだ。わたしは心のなかでガッツポーズ！　そのため、私費で購入をお願いしようとしていた版画板を公費で購入することに変更した。そのぶん、私費を減らすことにつながった。

しかし、と、このエピソードは続く。ある日、美術室へ行って、完成した作品を見た。数週間前に納品された版画板に、個性豊かなデザインが彫られている。そこでしばらく作品を眺めていると、美術部の子どもが部活動にやってきた。ちょうど、版画をやった学年の子どもたちだ。版画の授業について話を聞いてみると、子どもたちの口から意外な言葉が出てきた。

「この板、硬くて削りづらかったよ」と言われてしまったのだ。え?!　と思い、タイミングよく美術室に入ってきた美術科担当教員（美術部の顧問でもある）と反省会をはじめた。以前、見本品として教材販売店からいただいた版画板と削りくらべると、やはり硬い。さらに、表面もザラツキが多く、紙に写した感じも変わってきた。なかには、木目の深さやバレンで擦る力加減によっては、削っていない部分のインクも乗らなくなってしまう事例があったようだ。

費用対効果に関して、結果的に費用面を重視させ、教育効果を軽視してしまったことになった。その場にいた子どもたちには、費用の面を重視してしまった結果について話し、たいへん反省した出来事だった。人間は失敗から学ぶんだ！　と自分を慰めた。

教材は、その選択によって教育効果に差がでる。学校財務担当者として、「安かろう悪かろう」にはとくに気をつける必要がある。今回は、木材販売店の「板」自体が粗悪品だったわけではない。あくまで、教材販売店の版画板よりは版画に適していなかっただけだ。しかし、あの版画板のイメージがいまでも鮮明に脳裏に焼きついていて、たまに夢にも出る（笑）。

その後、似たような事例で、技術科担当教員と板の選定を経験した。こんどは、木工作業として本棚をつくる単元だ。本棚作成キットというようなセット教材もあるが、一枚の板からつくりあげる授業をしたいという要望から、セット教材ではなく一枚板の見積もりを依頼した。今回も木材販売店のほうが安い見積もりが届いた。まえのような失敗はできない。模範的な提示教材とするために、何枚か授業前に購入し、じっさいに材質などを確かめてもらった。こんどは問題なく授業が進んだそうだ。

ここまでの準備をするためには時間がかかる。教材選定に関しても、指導計画と財務計画はやはり両翼なのだ。「教材を選ぶこと」ひとつをとりあげても、さまざまなドラマがある。

4 学校徴収金＝私費＝保護者負担金のさまざま

学校徴収金とは何か

学校徴収金とは、保護者が負担するお金のことであり、私費のことである。学校で扱うお金で、公費以外は、ほぼ学校徴収金だ。「がっこうちょうしゅうきん」という響きでも、「学校長集金」という区切りを変えて漢字表記が違う場合や、同様の意味で「学校納入金」や「学校預り金」などという言葉もある。言葉は違うが、集めるお金はいっしょだ。

「義務教育は無償」と憲法が規定しているにもかかわらず、保護者からの集金を強制するような「徴収金」という表記に違和感があり、「学校納入金」としている場合や、学校長権限で集めているお金だから「学校長集金」という場合もある。逆に、学校からの集金依頼など断れるわけがないのだから、第二の税金的な意味あいで「学校徴収金」とする場合もある。言葉はいっしょだが、自戒の念をこめて、あえて「学校徴収金」としていることもある。また、集めたお金が学校のものになるというよりは、保護者にかわって支払っているのだという性質が強いため、「学校預り金」と定義する自治体も増えている。性質面に着目して公費に準じていることから準公金としている場合もあるが、私費を集めないと学校は運営できないと言っているようなものだ。

わたしも以前は名称にこだわっていた時期があった。しかし、こだわるべきことは名称ではなく、集金する内容である。預り金とすれば言葉はやわらかく、集めやすい感覚になるかもしれない。しかし、それでは意味がない。

なぜ本書では、「学校徴収金」と高々と節のタイトルにしたのか。それは、自戒の念をこめて「学校徴収金」と表現することで、集金の妥当性や問題点、課題に向きあう必要があるからだ。また、それ以前に、教育委員会などが私費の集金方法や扱い方を定めた要綱や規程がある自治体では、タイトルに「〇〇市学校徴収金事務取扱要綱」としている場合が多いからでもある。そのため、本書では、保護者に負担していただくお金について、全般的に「学校徴収金」と定義している。

学校給食費負担の法的根拠

一般的に「給食」と称することが多いだろうが、正確には「学校給食」である。[39] 給食とは、組織的・継続的に特定の人間に提供する食事のことであり、保育園や病院、福祉施設にも給食はあ

39 とはいうものの、校内で「今日の学校給食なに〜?」と、いちいち「学校」をつける人はいない。本書でも、内容にあわせてつけたりつけなかったりするので、悪しからず。

る。また、学校給食に関して定めている法律は「学校給食法」であり、条文にも「学校給食費」と定義されている。

日本の学校給食は、法律が制定されるよりかなりまえ、一八八九（明治二十二）年に山形県鶴岡町（現在の鶴岡市）ではじまったとされている。貧困家庭の子どもを対象とし、費用に関しては無償とされていたそうだ。最新の情報では、現在の公立小学校の給食実施率は九九％で、公立中学校は八八％となっている。[40] なぜ、一〇〇％ではないかというと、学校給食法では学校給食を「実施義務」としているのではなく、「努力義務」としているからだ。[41]

学校給食法の第二条によると、学校給食の目標は七つある。①適切な栄養の摂取による健康の保持増進を図ること。②日常生活における食事について正しい理解を深め、健全な食生活を営むことができる判断力を培い、及び望ましい食習慣を養うこと。③学校生活を豊かにし、明るい社交性及び協同の精神を養うこと。④食生活が自然の恩恵の上に成り立つものであることについての理解を深め、生命及び自然を尊重する精神並びに環境の保全に寄与する態度を養うこと。⑤食生活が食にかかわる人々の様々な活動に支えられていることについての理解を深め、勤労を重んずる態度を養うこと。⑥我が国や各地域の優れた伝統的な食文化についての理解を深めること。⑦食料の生産、流通及び消費について、正しい理解に導くこと。以上の目標達成をめざして、学校給食は日々展開されている。

ただお昼ごはんを食べる、という目的だけではないことを理解してほしい。あたりまえのことばかりではあるが、文章化されると一つひとつが重みのある目標であることがわかる。明日からわたしも、この目標を胸に刻み、学校給食と向きあおう[42]。また、学習指導要領にも、特別活動として学校給食に関する定めがある。「学校給食」という授業こそないが、学校給食も重要な教育活動なのだ。そのため、学校では「給食指導」という言葉をあてている。

さて、本題の学校給食費について説明しよう。まずは、学校給食費の構造の説明から。学校給食を実施するためには、「食材料費」や「光熱水費」、「施設設備費（その修繕費）」、「人件費」が必要となる。それらは法律[43]によって負担者が決まっている。「施設設備費（その修繕費）」と「人件費」については、設置者（市区町村）が負担するとされている。それ以外は、保護者負担と書かれているのだ[44]。

40 文部科学省調査「学校給食実施状況調査」（平成二十六年五月一日）による。ちなみに、この数値は「完全給食」の実施率である。学校給食には、パン又は米飯等＋ミルク及びおかずの「完全給食」、ミルク及びおかず等の「補食給食」、ミルクのみである「ミルク給食」のパターンがある（学校給食法施行規則）。

41 学校給食法の第四条に「義務教育諸学校の設置者は、当該義務教育諸学校において学校給食が実施されるように努めなければならない」とある。

42 もちろん、事務職員も給食を食べられる。学級担任をしている教員は、法が定める学校給食の目標を達成させるために、教室で子どもたちといっしょに食べる。そういった意味でも、給食時間＝昼休憩という等式は成立せず、勤務の一環である。担任をしていない教員は職員室や会議室などで集まって食べる。事務職員もそこで食べることが多い。また、校長には原則「検食」という職務がある。平たくいえば毒見であるが、子どもたちよりも三十分以上早く食べるという説明が文部科学省からされている。早い場合でもせいぜい一時間前なので、その効果は微妙である。毒見というよりも試食という感じだ。検食簿と呼ばれるものに、味や量などの意見を記入するのだ。校長不在時には、わたしもよく検食をしている。

43 学校給食法の第一一条、学校給食法施行令の第二条のこと。

それ以外で考えられる経費が「食材料費」と「光熱水費」だろう。「光熱水費」は、当時の文部省から、設置者負担が望ましいという通知[45]が出されている。そのため、結論は「学校給食費＝食材料費」となる。よって、保護者が負担している一食二百〜三百円の学校給食費は、学校給食を実施するための一部にすぎない。じっさいの一食単価を計算すると、二、三倍くらいのお金が必要となる。

つぎは集金方法について。わたしが知るかぎり、大まかに分けて四通りある。時代の流れに沿って古い順に並べると、①「集金袋で学校に持参」、②「学校が保護者の口座から引き落とす」、③「設置者が保護者の口座から引き落とす」、④「プリペイドカードなどを購入する[46]」となる。

しかし現在では、時代と逆行し、未納問題との関係から①「集金袋で学校に持参」という学校がにわかに増えてきているようだ[47]。③のように設置者が集金し管理する場合を公会計と呼び、それ以外の①②④のような場合を私会計と総称する。公会計の場合は、税金と同じく、学校給食費が自治体の歳入として計上され、歳出として支払われる（一般会計ではなく特別会計として扱っている場合もある）。学校現場は基本的にタッチしないようにみえるが、かかわり方はそれぞれだ。

私会計の場合は、学校長の名で学校給食費を集金・管理・支出する。プリペイドカード発行機を学校で設置することは考えづらいので、自治体が設置していると思われるが、そのお金の管理を学校がすれば私会計であり、自治体職員がおこなえば公会計となるだろう。また、学校で集めたお金を自治体の歳入に入れる場合もある。その場合、扱いは混同されているが、学校給食費としては公会計となる。

なぜ自治体によって異なるのか、少し説明を加える。旧文部省は「保護者の負担する学校給食費を歳入とする必要はなく、校長が学校給食費を集めて管理することは差し支えない」という私会計を擁護する通達を出している。また、群馬県などでは「学校給食に係る事務の透明性の向上、保護者の負担の公平性の確保などに対応するために、公会計に移行するように」という通達を出している。どちらにするべきかという法律はないが、判例が示したあり方を紹介しよう。

学校現場の教職員（原告）が学校給食費の管理をするのは適法ではないと、学校給食の実施者である自治体（被告）を訴えた事件の判例[48]がある。

請求は棄却されたが、裁判所は、「学校給食の実施者が義務教育諸学校の設置者であることを重視すれば、当該設置者である地方公共団体が学校給食費を徴収管理する（公会計）と解することが可能である」「他方、児童又は生徒の保護者が負担する学校給食の食材費等

44　しかし、自治体がそれを補助することなどを禁止しているわけではない。条例は日本国憲法により、法律の範囲内で制定することが定められているが、法律に上乗せした条例は禁止されていない。
45　「学校給食の実施に関する事務処理および指導の指針について」（昭和四十八年六月文部省体育局）があり、それによって光熱水費は設置者負担が望ましいとされている。
46　事前にプリペイドカードを購入し、それにより給食を購入する方法。これにより、未納問題は解決される。しかし、それが教育活動の一環としてほめられるスタイルなのか、疑問視する反論もある。
47　こうした現象については、コラム「増える学校給食費の未納」を参照してほしい。
48　横浜地裁による判決（平成二十六年一月三十日）。「判例地方自治」三八三号、五七頁

に相当する部分であり〔中略〕、学校給食の対価といえることからすれば」「学校長が学校給食費を徴収管理することも許容される（私会計）と解することも可能である」と、どちらでも可であると判断した。

さらに判例は、その方法が法令に定められていないのであれば、「学校給食費の徴収管理に係る会計制度として公会計又は私会計のいずれを採るかを、設置者である地方公共団体の裁量に委ねていると解するのが相当である」とし、設置者の判断により学校で集金することも可としているが、設置者が公会計として集金するのが本来のあり方であるとしている。

しかし、文部科学省が二〇一二（平成二十四）年度、全国の公立小・中学校に対しておこなった調査によると、公会計としているのは三〇・九％、それ以外が六九・一％となっている。近年、公会計化の流れが進んでいるとはいえ、依然として多くの学校では私会計とされているようだ。

ここまでは制度論を語ったが、公会計でも私会計でも、事務職員と学校給食の関係は切り離せない。私会計の場合は、続いて説明する教材費や校外学習費などといっしょに保護者の口座から引き落とすための設定をしなくてはならない。第1章の冒頭に「就学時健康診断」のエピソードを入れたが、小学校では、そのときに金融機関指定の用紙を配布し、手続きの方法を説明する。

多くの場合は、学校最寄りの金融機関に口座を開設してもらい、自動振替の登録をしてもらう。それを受けて事務職員は、金融機関が指定する方法でデータを構築し、設定をおこなうのだ。この作業がかなりたいへんである。新年度を迎えてバタバタしている最中[49]、金融機関からデータの入力を急がされるのに、入力のために必要な書類が集まらないことも多い。事務職員の仕事の、年度初めにおけるひとつの山でもある。この処理は、じつは公会計でもあまり変わらない場合がある。書類集めやデータ入力は、現場の事務職員がおこなうことがあるからだ。

毎月の引き落としが進んでいき、引き落としができなかった家庭には未納通知を作成し、支払いをお願いする仕事が月例となる。公会計化されている学校は、未納通知の作成から発送までを自治体がおこなっているところもあれば、未納回収は自治体といっしょにおこなうところもあり、頭を悩ませている事務職員は多い。

わたしが知っているかぎり、学校給食費の未納により自治体が裁判に持ちこんだケースで、被告が勝訴した事例はない。敗訴になったら、学校給食費以上の支払い（訴訟費用など）を請求されることになるため、現状の法制下では裁判に持ちこまれるまえに支払うほうがベターだ。

しかし、全国では、子育て支援政策の一環として学校給食費の無償化が進んでいる。[50] 支払いを

49 給与支払いシステムが電算化したとはいえ、年度初めに設定するデータの量は変わらない。新しく着任した職員の通勤手当をはじめとする各種手当の認定、新採用者の場合はデータシステムの基本構築からはじまる。そこに第1章で書いたような教科書の支給手続きや転出入事務、物品購入の仕事が並行して進んでいく。さらに、学校全体としても教育計画などの立案が会議で提案され、その波にも乗らなくてはならない。何本ものレールに並行して電車を走らせているようなものだ。ここに事務職員の仕事領域が広いといわれるゆえんがあると思う。

50 たとえば、兵庫県相生市がある。全国には学校給食費完全無償化の自治体はほかにもあるが、その多くは町村である。人口が三万を超える相生市の事例はめずらしい。日本における無償化実施例については、第4章の1の「日本国内で進む無償化推進の取り組み」でいくつかの自治体を紹介する。

拒否するより、そういった政策を広めるほうが身になるだろうと考える。

教材は受益者負担？

教材費とは、本章の2・3でふれたような教材を保護者の負担で購入するためのお金である。小学校の場合は、学級担任が集金袋で集める場合が多く、中学校では、事務職員が学校給食費などといっしょに金融機関から引き落とす場合が多い。いずれにしても、教材費の負担軽減は事務職員の腕の見せどころだ。

事例を出して説明しよう。教材を発注する場合、学年・学級ごとにバラバラに発注をするより、公費を担当する事務職員がまとめて、複数の業者から見積もりをとることで経費削減につながる。たとえば、色画用紙を教材費で購入する場合を考える。

学級で色画用紙が四十枚必要だとする。価格は業者、メーカーによって異なるが、一般的に百枚セットで定価二千円くらいのため、一枚二十円という価格で納品される。単価にしたら、二十円×四十枚で八百円だ。しかし、年間使用量を積算して相見積もりを依頼すると、百枚単位ではあるが、メーカーを問わなければ七百円程度で購入することも可能となる。

各学級で必要なのは四十枚だけかもしれないが、学年・学級を越えて合算することで、残りの六十枚も使途が見つかるだろう。学年の人数が百人の場合は問題ないが、そんなに都合はよくない。学級だけで必要なものでも、学年内で相談し、合算して購入することは多いが、学年を越えることは少ない。それは、学年内を調整する学年主任はいるが、学年を越えて調整する人間がないからだろう。しかし、それをすることで、一枚七円にまで下げることができるのだ。

このように学年外を調整するのは、公費を担当している事務職員が適任である。学年・学級、教科や分掌をトータルした購入計画を考えていくだけで、学級単体で購入するよりも単価が下がる。たとえ画用紙という比較的廉価なものでも、見積もりをとることが重要なのだ。年間使用量を推計することで単価が下がるとともに、公費で支出することも検討の範囲内に入る。こうしたプロセスを踏むことが、私費を減らす方策につながる。そのためにも、事務職員との連携は必須だ。

事務職員は情報の交通整理をおこない、必要なところへ必要な情報を振り分け[51]、公費予算と関連づけて私費の軽減にも力を発揮できる。また、公費の不足により、どうしても保護者に負担をお願いしなくてはならない教材に関しても、事務職員のもつ情報を活用しながら、よりよい選択ができることだろう。

ひとつ中学校での事例を紹介する。学校運営を円滑におこなうためにさまざまなことを議論する企画委員会[52]という校内委員会があるのだが、そこで事務職員が私費の軽減策を提案した。その

51 学級担任や学年などに見積もりのとり方を説明して、依頼先の業者情報を提供したり、校内組織における決裁手続きを支援したりするなどの調整役として、事務職員は最適である。

学校では、私費で購入する予定の教材について企画委員会で協議していた。学年ごとに年間使用量と価格の情報を提示して話しあうのだ。小学校は担任が全教科を教えることが一般的[53]だが、中学校では他教科の領域にはあまり干渉しないことが慣習となっているため、教材の選定などをふくめた授業内容の共有がされにくい。

その提案を受けた学年主任は、事務職員や管理職の決裁前に、学年内で教科の枠を越え、教育課程を実施するうえでその教材が真に必要なのか、話しあう機会をつくった。その結果、私費の軽減につながった学年があり、計上額こそ変わらなかったが、学年内で教科・領域の枠を越えて話しあうことの大切さは伝わったという結果も得られた。学年主任をふくめて、まず全教職員と連携することに大きな意味をもたせることからはじめる必要があるのだ。

同じく企画委員会でのこと。その中学校には名札という存在がなかった。そのため、生徒指導上の議論を重ねていくなかで、名札をつけることが提案された。プラスティックプレートに名前が刻印されているものを、一人三個ずつ購入するという提案だった。お金の出どころは教材費である。最初に定義したように、教材費とは教材を購入するためのお金である。「名札」は教材だろうか、という意見も当然出せるが、中学校の場合は「教材費＝諸費」という感覚が抜けきれない学校が多い。たとえば、教材とは関係ないカーテンクリーニング代といった費用も集金していることもある。そういった部分は、事務職員がイニシアティブをとって改めていく必要がある。

名札の扱いは議論を要するところだ。小学校では、入学と同時に名札が机に置かれているパターンが多く、後日「名札代」と書かれた集金袋が届く。受益者負担の考え方からしても、名札が私費であるべき根拠はどこにあるだろうか。

自分が利益を受けるという観点で考えるとしても、それは教職員に名前を覚えてもらえる利益ということだろうか。自分の親は当然のこと、友だちどうしでも、名札を見て名前を呼ぶ子は少ない。百歩譲っても、一学期で十分に覚えられるし、防犯の問題から、登下校のときは名札をはずす学校が大半だ。だとしたら、学校にいるときだけ学校の都合で身につける名札は、公費で買うべきではないか、という意見がある。もちろん逆に、卒業したら持ち帰るのだから、自宅で使うか使わないかではなく、現に利益を得ていたのだから私費で買わせるべきだという意見もある。わたしはどちらかというと前者の意見だが、私費で買わせるにしても安いほうがよい。そのため、企画委員会では手づくりの名札を提案した。シャツやブレザーの胸につけても、大きすぎず重すぎない、ソフトケースの名札を探した。

そのサイズにあわせて、学年カラー[54]の紙に名前を印刷して裁断し、ケースに入れる。プラステ

52 参加メンバーは一般的に、校長・教頭・教務主任・各学年主任である。この会議に事務職員が参加している場合もある。学校運営を企画していく段階で予算の裏づけは重要であるため、財務担当者として参加している場合である。わかりやすく説明すると、職員会議という全員でおこなう会議のまえに、ミドルリーダー的なポジションを集めて事前に打ち合わせをする感覚。学校によっては、さらにもう一段階として、管理職と教育課程を担当する教務主任で打ち合わせをすることもまれにある。

53 小学校においても、教科担任制を導入している学校もある。全学年ではなく、高学年だけという場合もある。文部科学省も中教審の答申により、導入に対する積極的な政策を打ち出している。

ィック製にくらべて、耐水性などの問題を指摘する声も出たが、試行してみようという結果になり、後日の職員会議でも承認され、実行に移った。

問題がないわけでもない。手づくりするわけだから、作業する人間が必要だ。算数セットの話にも似ているが、だれかの負担を減らすには、だれかの負担が増えることはしかたなし。そこにどれだけの効率化と工夫を組みこめるかが、コーディネートする事務職員の役割でもある。そのため、そういった提案も同時におこなっている。私費を減らすために、二倍働け！　というのでは、保護者の負担を減らそう！　という大義名分があったとしても、気持ちよく受け入れてはもらえないだろう。当然だ。

名札をつくる作業に必要なものは、①名前のデータ、②名札サイズで印刷できるアプリケーション、③紙を切って名札に入れる作業、だ。①のデータは、入学と同時につくる住所録などを加工すれば、かんたんに得られる。②のアプリケーション用の印刷フォーマットとマクロだけ、事務職員の作業としてつくった。とはいっても、名札のサイズに枠をつくって、そこに名簿を挿入するというかんたんな仕様のもの。③は人海戦術だ。裁断機で切って、名前の書かれた紙を挿入していく。導入初期だけは、多少の負担増があるは否めない。結果、当初の計画よりもだいぶ安くつくれ、私費とせずに公費でそろえることができた。

ゴム印についても、名札の問題と同じようなことがいえる。小学校入学と同時に、名前のゴム印を発注し、後日、集金することが多い。名札の場合は子どもの手元に届くが、ゴム印は中学校卒業まで学校側が管理する。これを私費とするのはいかがなものか、という意見は多い。そのため、名札よりも公費でそろえている学校は多い。しかし、あいかわらず私費の学校もある。

この問題は教材費だけではない。ほしいものは決まっているが、どの財布からお金を出すかが決まっていないことが多い。公費か私費かという区分が明確ではないのだ。公費不足により、公費で買えないものは私費で買う、と右から左に流すのではなく、さまざまなことを検討して、交通整理をしていくべきなのである。

現状では、隣どうしの公立学校でも違うことになる。再三述べてきているが、公費が不足なく配当されていれば、このような問題は起こらない。隣どうしの公立学校で購入する教材が違うことは問題ではなく、いわばその学校の特色だが、財布の違いは問題だろう。

しかし、双子の保護者で、それぞれ違う学校へ通わせていて気づくといったことでもなければ、なかなか表面化される問題ではない。教材費について他校の保護者どうしで話しあう機会があったら、知られざる状況に盛りあがることまちがいなしだろう。

54 中学校では、学年カラーは重要である。〇〇期生という表現もよく使うが、赤学年や青学年といった表現もよく使う。そのため、事務職員としては学年カラーの色画用紙だけは切らすわけにはいかないのだ。さらに、学級カラーがあることも多い。中学校ほどではないが、小学校でもそういったカラー指定はある。

校外学習や修学旅行は大きな負担

校外学習とは、学校の外でおこなう授業のことだ。たとえば、理科の時間に近くの公園まで歩いて草木の観察にいくことも校外学習であり、バスに乗って遠足にいくことも、修学旅行などの宿泊をともなう行事も校外学習である。バスに乗ればお金がかかる。遠足程度なら数千円だが、修学旅行となると数万円となる。

そのため、学校では金額の多少にかかわらず、相見積もりをとっている。日程、とくに曜日によってバス代の変動は大きくなる。また、旅行の見積もりは教材などとは違い、自社でバスを配車できるのか、外注するのか、旅行会社により大きく金額が変わるのだ。

修学旅行に関しては、学校（自治体）によって扱いが異なるため一概にはいえないが、各学校で受注型企画旅行[55]を企画する場合には、プレゼンテーションをおこなっているところもある。数社に大まかな行程を伝え、各旅行会社の強みを生かしたプランをプレゼンテーションしてもらう方法だ。職員会議や保護者会などでおこなう事例も聞く。また、市区町村内すべての学校で一括して見積もりをとり、契約をするという自治体もあり、さまざまである。

具体的な金額については、行き先によって異なるので、こちらも一概にはいえない。遠足なら三千円程度であり、埼玉県の修学旅行なら、日光一泊二日で二万円ほど、京都・奈良二泊三日で六万円程度となる。一般的な旅行代金としては、けっして安い印象はないだろう。パック旅行なら半額程度で行ける場合も多い。費用の集金は、教材費といっしょに引き落としの場合が多いが、保護者会で一括集金というパターンも聞く。子どもたちにとって、旅行に行けるか行けないかという重大なポイントとなるため、保護者はなによりも優先して支払うことが多い。

すでに食べてしまっているため、学校給食費はあとまわしでも、明日出発する修学旅行費を優先して納入したいという。気持ちはわかるが、学校給食費の未納が残る恐れがある。かといって、すべての徴収金を完納することを修学旅行へ連れていく条件とすることが、よいことなのかという論議も当然ある。学校で集めているお金以外にも、荷物を入れるための大きめのバッグを買うこともあるだろう。修学旅行は集大成的イベントでもあるが、費用面では多額を要するイベントなのだ。

学校給食費ほどではないが、修学旅行費を自治体が補助しているところもある。[56]その多くは少子化対策としての子育て支援策の一環ではあるが、口に入るから受益者負担（私費）、旅行へ行

55　旅行会社と具体的な行程スケジュールを話しあい、乗車券や宿泊施設などの手配を依頼する方法である。修学旅行はおもに、この型の旅行が多いだろう。逆に、旅行会社が行程をあらかじめ決めておき、その旅行について参加者を募集する旅行のことを募集型企画旅行という。いわゆるパッケージツアーのことだ。最近では、パッケージツアーといっても行程のすべてが決まっているわけではなく、添乗員が付き添わない、フリープランが設定されているかたちもある。募集型企画旅行を既製品とすれば、受注型企画旅行はオーダーメイドの旅行といえるだろう。

56　修学旅行費にかかわらず、林間（海）学校や市内へ社会科見学に行くためのバス代などを公費負担している自治体もある。

くのは本人だから受益者負担（私費）という考え方が少しずつなくなり、教育の機会均等を自治体が保つ機能ができてきたという考え方もできる。

中学から私費になりがちな生徒会費・部活動費

児童会費を徴収している小学校は案外少ないと聞く。わたしも経験したことはない。しかし、児童会費ではなく、児童費としてＰＴＡ会費の内訳にふくまれ、子どものために使う費用があるという話は聞いたことがある。

あえて書くが、生徒会という組織は任意団体という扱いではなく、校内組織のひとつである。児童会も当然同じだ。そのため、組織がお金を集めているわけではなく、あくまでも学校徴収金として集金し、生徒会の運営に使うという理解を確認しておきたい。

ここでは、中学校の生徒会費と部活動費について説明しよう。生徒会費の多くは、部活動費として支出されることが多い。以前に勤務した学校では、八〇％程度が部活動費で、残りの二〇％を生徒会の活動にあてていた。生徒会の活動といっても、図書委員会が図書室の使い方をポスターで啓発したり、本部役員があいさつ運動をしたりするというものだ。それらも教育活動の一環であり、公費をあてるべきだし、大がかりなイベントをしないかぎり、そこまでの費用負担ともならない。ポスターの画用紙や運動グッズなどに生徒会費を使う必要もないだろう。

生徒会がおこなう事業には生徒会費をあてるという慣習が、意外と根強く残っている。ここでも、公費との連結が薄いから、慣習となっているのだろう。あくまでも、公費が足りない場合の措置として、生徒会費をあてるべきだ。部活動費に関して全額公費をあてることはなかなか難しいが、少しずつこういった慣習も見直していく必要があるだろう。

部活動には歴史的な変遷がある。クラブ活動の履修を担ったり[57]、学習指導要領から消えたりもした。二〇一二（平成二十四）年の学習指導要領改訂では、「生徒の自主的、自発的な参加により行われる部活動」という定義で、教育活動の一環として記述された課外活動である[58]。

部活動費の調査をしたことがある。部活動費の集金・管理方法は、同じ学校内でも以下のようなパターンに分かれていた。

①生徒会予算から各部に人数割で配当される予算を顧問が管理する。②部費という名目で毎月決まった額を集金し、顧問が管理する。③遠征費や休日などの飲みもの代、生徒会予算からの配当では足りない部分を保護者が集金し、管理する。

57　小学校の場合は、現在も授業としてクラブ活動がある。「昔遊びクラブ」「一輪車なわとびクラブ」といったもの。中学校にも以前は授業としてクラブ活動があった。部活動との大きな違いは授業としての活動かどうかである。

58　ちなみに、部活動の指導を休日におこなった教員は、実績におうじて手当がもらえる。全国的にも同様な条例は多いが、埼玉県では、土日祝日など学校が休みのときに四時間程度指導すると、三千円もらえる（正確には、給料とあわせて給与支給日に給与として振り込まれる）。法律によって、教員には時間外手当を支給できないために、部活動手当（正確には特殊勤務手当としての部活動手当）が支給される。ほかに、修学旅行などの宿泊をともなう場合に支給される特殊勤務手当もある。

このようにバラバラでは、学校の組織的かかわりが希薄となり、会計の透明性や、保護者への説明責任が果たしづらいという問題が浮き彫りになった。

そのため、統一的な部活動費の集金・管理に関するルールを学校で定めるとともに、支出計画と決算のそれぞれについて、保護者に承認を求める機会を設けることが大切だと考えた。その学校では、授業参観後におこなう学級懇談会の部活バージョン、部活動見学後におこなう部活動懇談会が、保護者との情報共有や懇談を目的におこなわれていた。ここで、かならず部活動費に関する件も話題にし、すべての部活動懇談会で決算報告がされるようにした。透明性の確保や説明責任を果たすための第一歩である。

吹奏楽部はお金がかかる。楽器を公費ですべてそろえることは現状難しい。公費の配当が十分ではなく、授業中に使う教材に関しても保護者から私費を集めている現状もある。音楽の授業で使うこともなく、吹奏楽部でひとりしか使わない楽器に高額をつぎこむのは、現実的に考えがたい。同じく、ユニフォームなどもそれにあたる。ユニフォームを着ないと公式な試合には出場できない。運動部の場合、入部して用具をそろえ、練習の成果としての試合に出場するのにも費用がかかる。さらに、練習するだけでも、場所の確保や道具などが十分ではないことが多い。

ある日、事務室に卓球台を寄付したいという住民が来た。卓球部では、生徒会から配当された部活動費を二年間貯めて卓球台を購入したいという計画が出されていた矢先のことである。もちろん大歓迎だ。ＰＴＡ役員で軽トラックを持っている方にお願いして、運んでもらったように記憶しているが、どうして個人宅に卓球台があったのかは覚えていない。しかし、学校としてはうれしい出来事であった。

部活動は、生徒会の組織下として構成されていることが多い。そのため、生徒会費から部活動費が支出されるわけだ。生徒会費は、月百円計算で年間千二百円だったり、二百円計算で二千四百円だったりする。そこから、部活動と同じく、組織下に保健委員会や図書委員会のような専門委員会があるため、そちらへの活動費を配当し、残りを人数におうじて等分するパターンや、予算折衝をやらせるパターンなどがある。[59] そして、一人あたり千円とか二千円とかで配当される。四十人の部員を抱えている部活動なら、四万円とか八万円になる。

吹奏楽部を例に考えてみよう。そのていどの予算では楽器を一台買うか、直すかで終わってしまう。本番を想定したステージ練習などをおこなえば、楽器運搬費用や施設利用料もかかる。その費用は当然、保護者負担となる。自治体主催のイベントなどに参加要請があった場合は、主催者が負担することもあるが、まれだ。そのため、「部費」として毎月一定額を積み立てていることが多い。一種の学校徴収金だが、まるで習い事のようでもある。しかし、その実情を保護者に聞いてみると、「習い事」として割り切っている方も多かった。楽器を習わせたいと思っていたが、月謝を払うよりは安価で教えてもらえるということだ。もちろん、専門的な顧問がついた場

59 生徒会と事務職員の取り組みは第3章の4「子どもの声を学校改善に生かす」で詳述。事務職員が会計顧問として生徒会活動にかかわっている事例は多い。

合だろうと思うが。

そして、そのお金を保護者会のような組織が管理運営している。地域のクラブチームのような感覚でおこなわれているのかもしれないが、教材費や修学旅行費のような学校徴収金を保護者が管理運営することは違うだろう。さきにも説明したように、学習指導要領で、学校教育活動の一環として記述されたこともふくめ、部活動に要する徴収金の管理運営は、教職員が公務として処理すべきであり、適正で透明性のある執行と、保護者負担の軽減に努めることが求められる。

また、部活動について学習指導要領の解説には、「スポーツや文化及び科学等に親しませ、学習意欲の向上や責任感、連帯感の涵養に資するもの」であり、「各教科等の目標及び内容との関係にも配慮」するとされている。運動部だったら体育科との関係、文化部だったら音楽科や理科、美術科などとの関係で、授業で使用する教材との関連が考えられる。そのため、可能な範囲で、部活動に対しても公費による整備[60]を考え、過重になりがちな保護者負担額の軽減を検討すべきだろう。

ＰＴＡ会費・後援会費の「例年どおり」を見直す

まず、ＰＴＡとは何か。Parent-Teacher Associationの略であり、保護者と教職員により構成された任意団体[61]である。その目的と性格については、一九六七（昭和四十二）年の社会教育審議会報告が、「児童生徒の健全な成長をはかることを目的とし、親と教師とが協力して、学校および家庭における教育に関し、理解を深め、その教育の振興につとめ、さらに、児童生徒の校外における生活の指導、地域における教育環境の改善、充実をはかるため、会員相互の学習その他必要な活動を行う」としている。

そのための費用、いわゆるＰＴＡ会費についてはＰＴＡ役員が集金するべきだが、事務職員がほかの学校徴収金といっしょに引き落としている場合もある。そもそも、ＰＴＡに関する仕事は、本来的な意味からすると公務とはいえない。しかし、教職員が携わるべき「校務」には、行政機関やＰＴＡ、社会教育関係団体などとの連絡調整に関するものもふくまれる。そのため、上司の命を受けて事務職員が一定の業務を担当することは、公務とみなして差し支えないという考え方で問題ないだろう。

同じような立場というと語弊があるかもしれないが、後援会が組織されている学校も多い。とくに中学校ではよく聞く。入学式や卒業式などでＰＴＡ会長と並び、後援会長からも祝辞をい

60 埼玉県川口市では、部活動に対して「部活動助成金」というかたちで公費の助成があり、小学校に対しても金管バンドクラブへの助成金がある。自治体が吹奏楽部の楽器運搬にかかわる費用を出してくれるところもある。

61 社会教育法という法律の第一〇条に定められている社会教育関係団体のひとつでもある。あくまでも任意団体であり、強制加入とするべきではないという考えもある。わたしも当然そう思うが、まるで小学校へ入学すると同時に会員となっているかのように、役員決めがおこなわれる。しかも、総会で事業計画が承認される手前で、会費すら知らないままに……。しかし、この慣習を打ち破るのは至難の業であろうと身をもって体験した。だったらせめて、退会規定をつくるべきではないだろうか。

ただく。感覚としては、卒業したら後援会に所属を促すというパターンであろうか。卒業対策費[62]として後援会費を徴収している学校もある。また、在学中に加入するパターンもあるらしい。前述したが、部活動費の捻出に苦慮している学校は多く、後援会が大きくバックアップしている場合がある。そして、華やかに「物品贈呈式」がとりおこなわれるらしい。

　教職員は、ＰＴＡ組織に加入していることは多いが、後援会の会員はそれより少ないだろう。わたしは、地域とのかかわりから後援会にも属している。

　ＰＴＡ組織に、わたしは「幹事」や「会計」という立場でかかわってきた。しかし、学校徴収金の引き落としと同時に、ＰＴＡ会費の徴収まで事務職員がおこなうことには賛成できない。少々ドライに表現するが、学校とＰＴＡは別団体であり個人情報の共有は同意がないかぎり法令違反であり、双方の団体を守るためにも、法令遵守を前提に考えるべきである。ＰＴＡが加入の意思を確認して、ＰＴＡが収集した情報により、ＰＴＡが集金をおこなう。これがベストだ。また、会費減免規定の実行についても、就学援助制度等の利用者をＰＴＡと共有することはできないため、本人からの申し出を基本とし、その情報は最小限の役員（会長と会計担当のみ）が扱うことにする。事務職員がかかわるべき部分はＰＴＡから学校に流れてくるお金が中心となるだろう。

「学校は公費で運営する」という基本的事項の確認は、もう必要ないだろうか。耳にタコができると言ってくれたら、うれしい。

しかし、学校で払うよ！　と言いながら、領収証が飛びかうこともある。そう、学校協力費という名の現金が、学校に渡されている場合が少なくないからだ。[63] 使われ方も、公費で買うべきものに使っている場合が多い。いちおうＰＴＡに監査は受けるが、基本的には学校の説明に応じてくれる。そのためわたしは、一つひとつの物品について、学校側とＰＴＡ側の橋渡しを担って改善を進めた。

ＰＴＡ側には、渡したお金はぜんぶ使ってほしいという意見がいちばん強く、内容はそんなに気にしないことが多い。子どものために使ったという大義名分さえあれば、監査は問題なく通ってしまうだろう。事務職員が橋渡しをすることで改善できる部分が大いにあった。

「学校協力費」の話をしよう。

これまでの学校でＰＴＡ会費の決算報告書を見ていると、「卒業式の花」という費用が支出されていた。なぜ、卒業式の花をＰＴＡ会費で買っているのかという疑問から、学校協力費（当時十五万円）の用途が気になり、くわしく調べてみると、なんということでしょう……。お花のほかにも、ＰＴＡ活動とは関係ない、職員室で使うプリンターのインクや接待用の茶菓子、学校行事であるマラソン大会の経費としての施設使用料を支払うという〝粋な〟計らいもあった。当

62　卒業するのに対策が必要で、さらにお金もいるのか⁉　と思うかもしれないが、卒業アルバム代や学校への記念品を購入するための費用である。問題がないわけではない。そのあたりはコラム「卒業するのにお金がいるの？」を参照してほしい。

63　この件に関しては、大塚玲子『ＰＴＡをけっこうラクにたのしくする本』（太郎次郎社エディタス、二〇一四年）がくわしい。巻末参照。

然公費をあてるべきものがズラリと並んでいたのだ。おそらく、公費で買うのかどうかを検討するまえに現金で買ってしまい、宙ぶらりんの領収証をこのお金で処理していたのだろう。

基本的に、PTAから学校へ現金支給などするべきではないというのが、わたしの考えだ。その根拠は、もう言及する必要はないだろう。その学校協力費と呼ばれるお金、十五万円を家庭数[64]で割ると、一家庭あたり三百六十円程度の負担だった。会費全体の一五％程度を占めている。けっこうな割合だ。そのぶん会費を減らすか、別の項目に予算をまわすべきだと考える。

学校行事であるマラソン大会の施設使用料をPTA会費の一部から捻出することも、本来のあり方ではない。学校は「例年どおり」という雰囲気に流されることが多い。その年も、例年どおりに使用料が支払われ、領収証が到着した。施設使用料は現金でしか支払えないために、そうしているとのことだった。基本、学校には現金の配当がないということはすでに述べたとおりだ。現金でしか支払えないのなら、資金前渡[65]という制度がある。なんにしても、会場使用料という予算は学校に配当されていないお金なので、来年度に向けて要求をすることにした。ヒアリング会議で熱弁をふるった成果かどうか不明だが、公費で予算化されることになり、学校協力費からの支出をなくすことができた。言わなきゃ変わらないが、言えば変わることもあるのだ。

しかし、である。そのぶんが減ったにもかかわらず、次年度の学校協力費も同額渡された……。公費で買えるように調整をすることも大切だが、必要なのは「話しあい」であった。さらにそのつぎの年度へ向け、公費支出を基本としていき、学校協力費の執行は半分程度に抑えることを目標にした。それと同時に、大きな会議をおこなう決意をした。

校長室を会場に、ＰＴＡからは会長をはじめとする役員数名、学校からは管理職と事務職員で学校協力費に関する検討会議をおこなった。ＰＴＡと学校の橋渡し役としてわたしが進行を担当し、ＰＴＡと学校の会計について説明していくと、おたがいがルーティンにおこなっていた現状を共有することができた。ＰＴＡは例年どおり渡して、学校は例年どおりもらうというルーティンだ。

一度話しあいの場をつくっただけで、課題が整理された。なぜ渡すのか、なぜもらうのかを十分に話しあった結果、学校協力費を半減させることで合意した（窓口がわたし一本だったため、事務職員だけが学校協力費を減らしたいと思って勝手なふるまいをしているのではないか⁉　というＰＴＡ役員の噂も、一部では耳にした〈笑〉。やはり、話しあいはたいへん重要だ）。

64　ＰＴＡ組織は基本的に、家庭を単位として加入するのが一般的であるため、兄弟姉妹が複数在校していても、家庭数で会費を徴収する。年子で兄弟姉妹が六人いても、ひとつの家庭として会費は一家庭分。逆に小学校で七歳離れている場合は、十二年間会員になる。もう会長でもなんでもやってやる！　っていう気持ちだろう。地域によっては、両親で二口加入、ひとり親だと一口加入という場合もある。

65　読んで字のごとく、資金を前渡しする制度で、どうしても現金でしか支払えない場合などに使う制度である。校外学習における入場料などでは、この制度を使うことが多い。教職員などに一度そのぶんの金銭を支払い、その者が受取人へ支払うという流れとなる。ほかにわかりやすい例としては、給与の支払いがある。給与の受け取りは基本的に振り込みとなっている。しかし、口座名義の相違などによって振り込みエラーが起きる場合がある。そのときに、給与の支払者はあらかじめ登録してある資金前渡担当者の口座へ振り込むのだ。給与の資金前渡担当者は事務職員が多い。そのため、「資金前渡担当者 事務主任 柳澤靖明」という口座に給与が振り込まれ、現金で本人に支給することになる。まったくもって迷惑な仕事である（笑）。

5 学校財務の評価

見えなければ評価できない

「学校評価」という制度がある。学校の教育活動をふりかえる取り組みだ。二〇〇七（平成十九）年に学校教育法が改正されて根拠となる条文ができ、その公表と積極的な情報提供が定められた。また、学校教育法施行規則には、教職員がおこなう「自己評価」の実施義務と、努力義務として保護者などの関係者がおこなう「学校関係者評価」の実施について書かれている。

文部科学省の間近調査[66]によると、公立学校では「自己評価」の実施率は九九・九％で、努力義務とされている「学校関係者評価」でも九三・七％となっている。ほとんどの学校がおこなっているといっても過言ではない。じつは、もうひとつ評価方法がある。「第三者評価」といって、文部科学省が施策として提言しているだけで、法令上の定めはない。大学教授などの専門家がおこなう方法だが、難しいのでこれ以上はふれない。公表に関しての統計では、自己評価の結果の保護者・住民への公表は九八・八％達成されている。しかし、「学校予算などの経理の内容」という項目の達成率は、全国で二〇・六％（五校に一校）であった。

学校評価と学校財務の関係を整理して、事務職員との関係にふれてみよう。

学校評価は、学校の教育活動をさまざまな立場の人間が評価することである。多くの学校では、学校評価にさいし、教育目標、学習指導、生活指導、安全・保健管理などが項目として設定されているが、学校財務を項目として設定している学校は少ないようだ。ようするに、教育内容は積極的にふりかえるが、その裏づけとしての教育予算についてのふりかえりが薄いのだ[67]。しかし、各学校の教育活動を円滑に推進するためには、公費と私費による保障と統制が不可欠であり、その評価も欠かすことができない。

また、私費の軽減を図るためにも、評価における学校全体の論議が求められる。そのような必要性と現状から、学校財務の項目を入れてほしいという提案からはじめるのだ。わたしは、「保護者負担金の軽減策」「学校で扱うお金の管理体制」「教材教具の費用対効果の検証」の三点を提案している。順序は逆だが、評価結果を分析すると、その必要性が浮き彫りとなるのだ。

評価をはじめておこなったときは、全体の五〇％（全教職員四〇人中二〇人）が「評価（判断）しかねる」という結果だった。事務職員や管理職以外は、学校財務についてあまり興味がないとも考えられる。評価があったほうの八五％（同二〇人中一七人）は「できている」という評価だっ

66　文部科学省「学校評価等実施状況調査」（平成二十四年十二月）
67　学校評価の原案作成は管理職がする場合が多い。職員会議で提案はされるが、事務職員が黙っていれば、めったなことでは学校財務に関する項目は入らないだろう。事務職員から管理職（校長・教頭）になるパターンはまだ少ない。教員時代から学校財務を意識していないかぎり、検討の段階で学校財務という項目が入ることはまれなのではないだろうか。

た。しかし、全教職員の半数は、できているかどうか「判断すらできない状態」にあった。

学校財務を学びあう

学校評価、いわゆる教職員がおこなう自己評価でつまずいた。早い話、事務職員の仕事成果が同僚にも伝わっていなかったのだ。ひじょうにむなしく感じ、落ちこんだ。評価することすらできないこの状態をなんとかしなくてはならない。[68] その対策として、いくつかのことを試みた。たとえば、校内の教職員を対象に研修をおこなったり、校内組織に学校財務委員会というものをつくったりした。さらに、「学校財務だより」として、お金に関する情報を随時提供するようにした。待っているだけでは何も改善しないだろうと、どんどん動いてみた。

まずは研修について紹介しよう。学校には、「校内研修」という時間が設けられ、授業研究をしたり、生徒指導の事例研究や、校外で受けた研修の伝達をしたりしている。その時間に事務職員の指定席をもらった。学校財務に関する研修を数年間継続的におこなうこととした。テーマは学校のお金に関すること全般。教員からしてみたら、事務職員の授業を受けるという感覚だろう。会議室でおこなうことが多かったが、教室でやってみたら、より雰囲気が出たかもしれない。

内容としては、自治体の総予算から教育費が占める割合を確認するという基本の「キ」からはじめる。どうしてだか、学校には「お金がない」というイメージばかりが先行しているからだ。

総額の教育費からどのように学校へ配当されるのか、という部分はけっしてポピュラーなことではない。しかも、そんなことを知らなくても配当はされる。しかし、その原理は理解してほしい。そのほうが校内での予算運営に関しても理解が早いからだ。「明日までにほしい！」と言われても対応できないことや、百円ショップで使えるお金なんてそもそも存在していないことなどがわかってもらえる。

この研修は、おおむね五月ごろまでにおこなっていた。財務計画の策定と、前年度決算が確定するのはそのころだからだ。決算報告をすることで、「要望を受けて事務職員が買う」という一方的な流れではなく、全体にその結果を共有することができる。管理職の決裁は受けているとはいえ、校内で監査を受けているのとは違うが、執行内容を説明しながら決算報告をするため、ある意味、監査的な位置づけとしても考えられる。どんな物品をどこから、いくらで購入したのかを明示するのだ。細かい資料となるが、教職員に対して透明性や信用性が確保できるだろう。それが、安定した協働にもつながるのだ。学校財務をおこなううえで、協働は欠かせない。

また、研修の工夫として、参加者の能動的な理解を助けるために、クイズ形式で問題を出してみたり、黒板を使って説明したりする。学校なので授業を意識しているわけだ。「一月生まれの

68 逆に考えると、「できている」と「できていない」の二つの選択肢だった場合、きっとよくわからない場合は「できている」を選択する可能性が高い。その場合は、本質を見極めることができずに、紹介したような取り組みには至らなかっただろう。そう考えると、「判断できない」という選択肢を加えた当時の教務主任に拍手を送りたい。グッジョブ！

人！　この答え、わかりますか？」――こんな遊び心もまじえながら。

クイズは昨年度の決算額を提示して、「学校給食費――〇〇〇万円」のように、線で項目と結ぶ形式で出題している。最初は全問正解などほど遠く、正解はほとんどなかった。しかし、子どもたちがプリント学習をするような感覚で、話を聞くだけではなく、線で結んだり空欄を埋めたりという作業があることで、より理解が深まっていくと信じて続けていた。

また、研修後にアンケートをおこない、一方的な研修で終わらずに課題をフィードバックするようにした。アンケート結果からも、少しずつお金に対する意識が高まっていることが感じられる記述が増えていった。このような研修をとり入れながら、意識の向上や、知識の構築をめざすのだ。

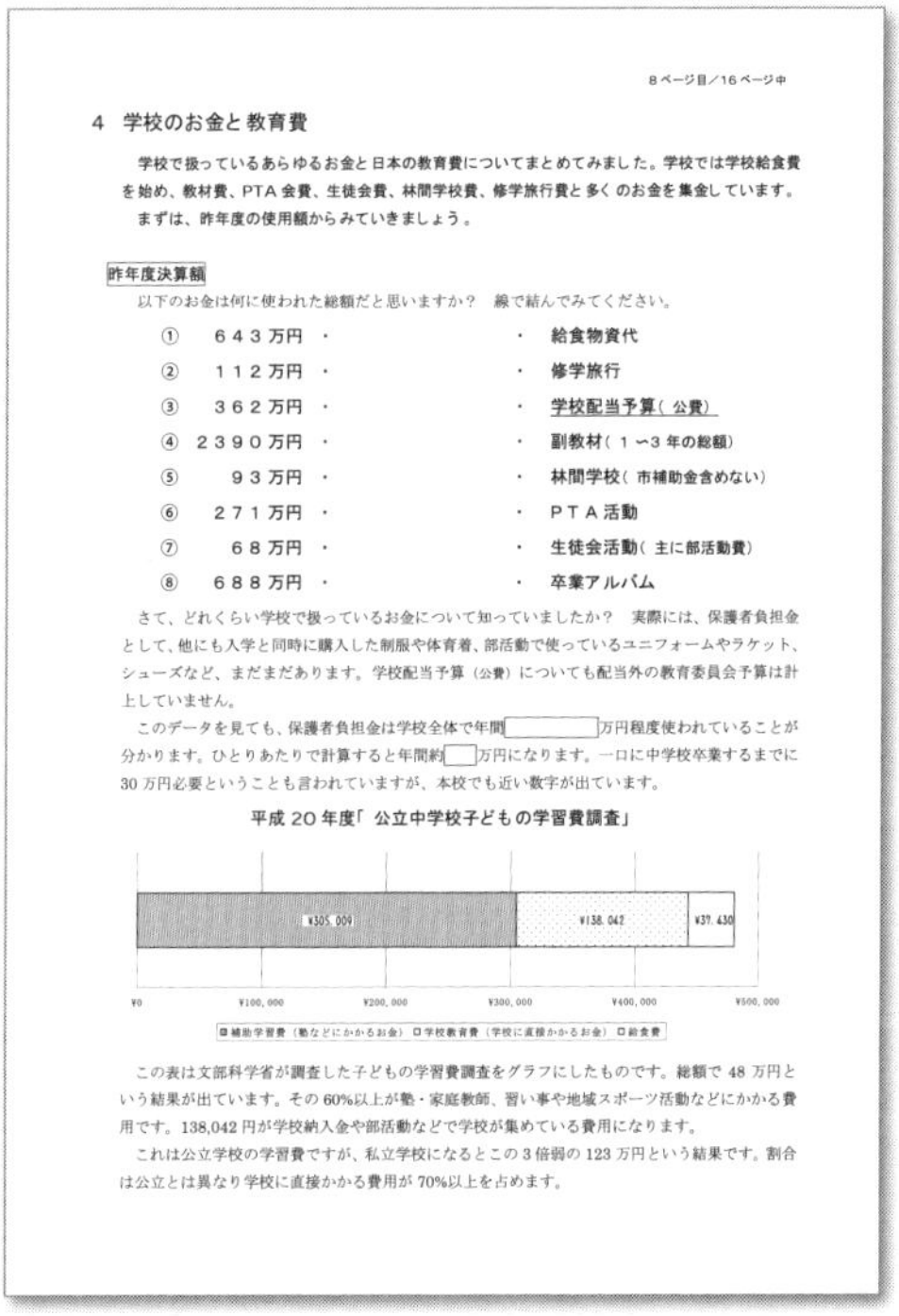

8ページ目／16ページ中

4　学校のお金と教育費

学校で扱っているあらゆるお金と日本の教育費についてまとめてみました。学校では学校給食費を始め、教材費、PTA会費、生徒会費、林間学校費、修学旅行費と多くのお金を集金しています。

まずは、昨年度の使用額からみていきましょう。

昨年度決算額

以下のお金は何に使われた総額だと思いますか？　線で結んでみてください。

①	６４３万円	・	・　給食物資代
②	１１２万円	・	・　修学旅行
③	３６２万円	・	・　学校配当予算（公費）
④	２３９０万円	・	・　副教材（１～3年の総額）
⑤	９３万円	・	・　林間学校（市補助金含めない）
⑥	２７１万円	・	・　ＰＴＡ活動
⑦	６８万円	・	・　生徒会活動（主に部活動費）
⑧	６８８万円	・	・　卒業アルバム

さて、どれくらい学校で扱っているお金について知っていましたか？　実際には、保護者負担金として、他にも入学と同時に購入した制服や体育着、部活動で使っているユニフォームやラケット、シューズなど、まだまだあります。学校配当予算（公費）についても配当外の教育委員会予算は計上していません。

このデータを見ても、保護者負担金は学校全体で年間［　　　］万円程度使われていることが分かります。ひとりあたりで計算すると年間約［　］万円になります。一口に中学校卒業するまでに30万円必要ということも言われていますが、本校でも近い数字が出ています。

平成20年度「公立中学校子どもの学習費調査」

この表は文部科学省が調査した子どもの学習費調査をグラフにしたものです。総額で48万円という結果が出ています。その60%以上が塾・家庭教師、習い事や地域スポーツ活動などにかかる費用です。138,042円が学校納入金や部活動などで学校が集めている費用になります。

これは公立学校の学習費ですが、私立学校になるとこの3倍弱の123万円という結果です。割合は公立とは異なり学校に直接かかる費用が70%以上を占めます。

校内研修で使った資料

ほかに、新採用教員に向けては一対一で研修をおこなっている。教員は採用されると、法律に従い、一年間の初任者研修が課せられる。そして、学校を離れておこなう研修のほかに、校内初任者研修という時間がある。基本的には初任者指導担当教員が研修をおこなうが、そこに専門分野に関しては事務職員からの研修を組みこんでもらっている。

内容は学校財務が中心だが、外部研修や校内研修では学習する機会の少ない部分をカバーできるようなカリキュラムを組んでいる。[69] そのため、いっしょに話を聞く指導教員からは、仕事に対する考え方の幅を広げる効果があると評価されることが多い。全国の初任者研修でも、校内・校外問わず、「学校財務」についての研修はない。[70] だからこそ、この分野は学校で補う必要があるのだ。学校保健・学校安全・学校給食という研修はどこでもある。その流れに続き、学校財務という分野は事務職員が担っていかなければならない。

また、学生である教育実習生にも研修をしたことがある。校長講話や教頭講話という時間が設定されることが多いが、事務職員講話があってもいいじゃないか。先生になる！　という夢や

69　年度によってさまざまだが、多いときは月に一回、少ないときでも年に二、三回の研修をおこなっている。おもに、地方公務員法などを解説する服務規定、就学援助や生活保護などの就学保障制度、教育法規、給与条例、諸手当規則などをとりあげている。

70　文部科学省の実施する施策や、各都道府県・市区町村教育委員会の特色ある取り組みの紹介など、教育委員会関係者に有用な情報を提供している月刊誌に『教育委員会月報』（第一法規株式会社）がある。そこに全国の初任者研修内容の統計が載っていた。

希望に満ちあふれている実習生だが、学校に対するイメージは、自分が育ってきた環境のイメージ以外はあまりないように感じる。

そこで、教育費にスポットを絞って、学校現場や子どもたちがおかれている状況について投げかけてみると、「目から鱗」という感想が返ってくることが多い。たとえば、「高校[71]や大学が無償ではないことになんの疑問ももっていなかったが、世界的にみれば少数派であるという事実に驚いた」――教育実習生の感想だ。

子どもの権利条約や国際人権規約、各種文献やWebサイトの情報などを使い、世界と日本の教育費について話すと、このような反応が返ってくる。さらに、「どの学校でもこういう研修をやっていくべきだと思います。うちの大学でも講義してください！」というメッセージをもらったこともある（いつでも行くよ！　と言ったのに、呼ばれないことは予想どおり……）。

話を教職員の学びにもどそう。

単発的な研修以外に、継続的におこなう「学校財務委員会」も効果的だ。これは、公費の話だけではなく、4「学校徴収金＝私費＝保護者負担金のさまざま」で述べたような各種徴収金もふくめた学校財務全般について話しあう委員会として発足させた。会議のレジュメ的につくった「学校財務だより」という資料（執行内容の一覧や予算残高、一か月間の購入実績をまとめた資料）を使いながら、会議を進めている。メンバーは校長と教頭、学年主任など。コピー代の話題から裏紙[72]使用による節約、教材の見積もり検討や新しい行事の物品調達まで、幅広く話しあっている。

話しあった内容は、直近の職員会議で全体に共有する。

このような取り組みを重ね、学校評価の数値に変化が見えてきた。最初は五〇％だった「評価（判断）しかねる」という項目を一〇％程度に減少させることができたのだ。多くの教職員が学校財務についても考えるようになり、自分の言葉で語るようになってきた。

たとえば、教材を選ぶときに、いままでは事務職員がイニシアティブをとり、ワークやドリルの購入量などを指摘してきたが、それぞれの教科部会で話題にのぼるようになった。国語科で漢字ドリルと学習ノート、資料集を毎年購入していたが、部会で資料集の購入をやめることを話しあったそうだ。この学校はお金に余裕がない家庭が多いからと、保護者の負担を少しでも減らす取り組みとして資料集の購入をやめたそうだ。学習ノートには資料集ほどではないが、参照できる資料が載っているらしく、それで対応してみようという結果になったという。さすがに、ここまでディープな提案は事務職員にはできない。事務職員が起こした小さな波が大きなうねりとなった事例だ。

71 当時は、公立高校の授業料が無償ではなかった。何度か実習生の講義を担当したが、このときがいちばん印象深かったので引用した。

72 一般企業の内部資料を見たことないのでわからないが、学校の内部資料には印刷に失敗した裏が使える紙（裏紙）を使うことが多い。グチャグチャになった裏紙を印刷機にかけると紙づまりが起きることがあるため、裏紙の整理整頓は必須だ。整理整頓がされていないと裏紙を使おうという気持ちにもなりにくい。こういった部分でも経費削減をしているのだ。ついでに言うと、封筒も再利用している。ダイレクトメールなどの封筒も表に紙を貼れば、ちょっとしたところへ送るくらいは問題ない（教育局と学校を行き来する封筒のほとんどは再生封筒だ）。ある人が言った、「封筒は備品である」と。名言である。

「あの教材、有用だった？」効果検証シートの活用

研修効果はさらに飛躍していった。評価項目に加えた「費用対効果」に関する評価がほかとくらべて低い、教材の使用についてふりかえりはできているのか？　という指摘が教職員から出てきた。こういった指摘が出てくるようになったことはホントにうれしかった。さまざまな取組みにより、意識が高まったのだろう。知識は認識を変えるのだ。わたしはすぐ、年度内に購入した教材などに関する使用状況をふりかえろう！　と提案した。

事務職員なら、公費や私費にかかわらず、購入実績のデータをすぐに参照できる立場にあるため、すべての購入実績を教科ごとにリストアップして、かんたんな「教材費用対効果検証シート」を作成した。

たとえば、①思っていたより使い勝手が悪く、あまり使えなかった教材はないか。②問題量が多すぎて、ぜんぶ終わらなかった問題集はないか。③費用対効果を考えると別の教材を選択する余地もあるか。などという観点で、購入した教材など一つひとつの費用対効果を検証してもらった。その結果をすべて、教科ごとに整理し、事務職員としてのコメントを加え、学校財務委員会に検証結果を報告した。

たとえば、技術科へのコメントは、つぎのとおり。

「ラジオ作成キット」という教材がある。毎年、「『手回し』ラジオ作成キット」を購入していたため、通常のものより千円程度高かったらしい。学年内で、とくに主任を中心に予算を検討した結果、手回しラジオより安価な電池式のラジオキット（千九百円）を購入するようになった。その単元を教えるために必要な教材としてはそれほど変わらないため、教育効果としてもとくに問題ないというふりかえりがされた。以前は、「テーブルタップ」という七百五十円程度のものを作成していたときもあったが。これでも単元のねらいは変わらないが、作業がラジオにくらべてかんたんなため、ほかの教材も必要になるかもしれないという意見が出ていた。

また、「キーホルダー用合金」という、

教材費用対効果検証シート

提出期限：2月19日（金）

教科名
技　術

記入方法
・以下の要領に従って"○"を付けてください。
・教科部会等を活用して話し合い、教科ごとに提出してください。
・特記事項はコメント欄に記入してください。
（どちらとも言えないを選択した場合は必ず記入）

費用対効果検証欄	1：費用相応の教育的効果が「出た」と感じる
	2：費用の割には教育的効果が「出なかった」と感じる
	3：どちらとも言えない
	4：教育的効果の検証にふさわしくない（洗剤など）

引き継ぎ検証欄	1：次年度も購入したい
	2：次年度は購入を見合わせたい
	3：どちらとも言えない
	4：次年度も継続して使用する

No	支出の別	品　名	数量	単価	金額	費用対効果検証欄				引き継ぎ検証欄				コメント
1	公費	平刷毛15号	40	227	9,080	1	2	3	4	1	2	3	4	
2	公費	半田ごて 30W	20	690	13,800	1	2	3	4	1	2	3	4	
3	公費	水性ニス（透明） 0.7L	6	1,700	10,200	1	2	3	4	1	2	3	4	
4	公費	NTドレッサー 替刃	20	600	12,000	1	2	3	4	1	2	3	4	
5	公費	ボンド木工用 500g	10	410	4,100	1	2	3	4	1	2	3	4	
6	公費	鍛造ミニニッパー	35	120	4,200	1	2	3	4	1	2	3	4	
7	私費	木工材料	35	2,200	77,000	1	2	3	4	1	2	3	4	
8	私費	学習ノート技術	35	648	22,680	1	2	3	4	1	2	3	4	
9	私費	テーブルタップ	45	500	22,500	1	2	3	4	1	2	3	4	
10	私費	スタンドライト	45	2,550	114,750	1	2	3	4	1	2	3	4	
11	私費	情報教材	47	3,100	145,700	1	2	3	4	1	2	3	4	
12						1	2	3	4	1	2	3	4	
13						1	2	3	4	1	2	3	4	
14						1	2	3	4	1	2	3	4	
15						1	2	3	4	1	2	3	4	

教材費用対効果検証シート（技術科）

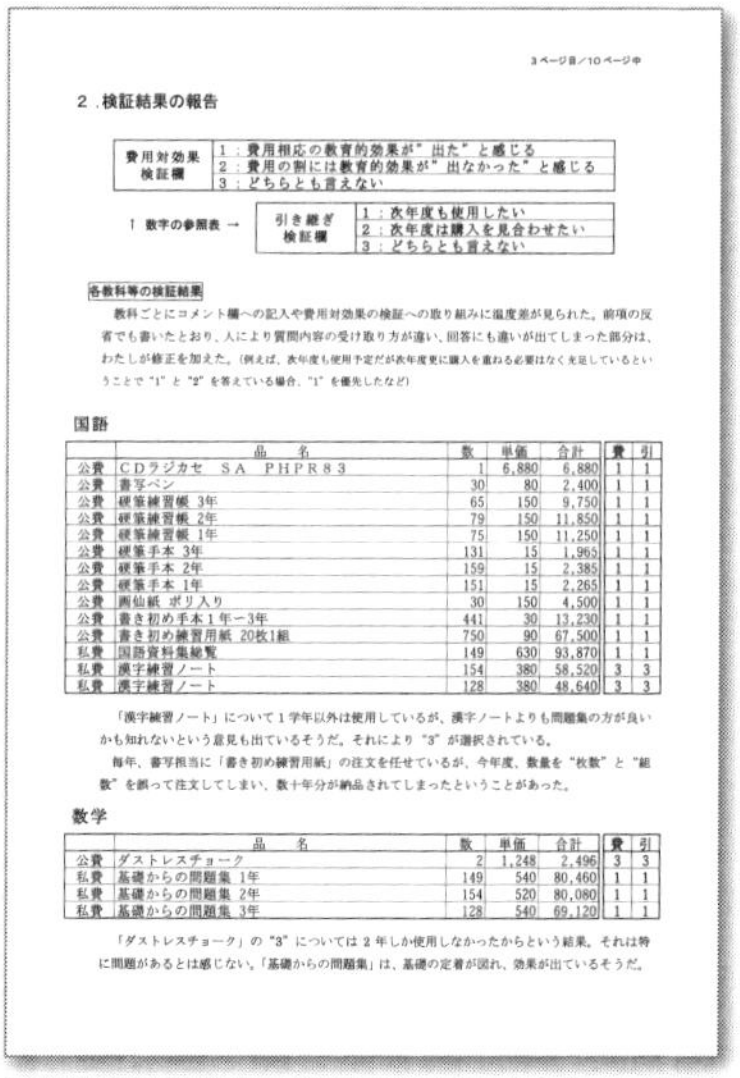

3ページ目／10ページ中

2．検証結果の報告

費用対効果検証欄	1：費用相応の教育的効果が"出た"と感じる
	2：費用の割には教育的効果が"出なかった"と感じる
	3：どちらとも言えない

↑ 数字の参照表 →

引き継ぎ検証欄	1：次年度も使用したい
	2：次年度は購入を見合わせたい
	3：どちらとも言えない

各教科等の検証結果

教科ごとにコメント欄への記入や費用対効果の検証への取り組みに温度差が見られた。前項の反省でも書いたとおり、人により質問内容の受け取り方が違い、回答にも違いが出てしまった部分は、わたしが修正を加えた。（例えば、次年度も使用予定だが次年度更に購入を重ねる必要はなく充足しているということで"1"と"2"を答えている場合、"1"を優先したなど）

国語

	品名	数	単価	合計	費	引
公費	CDラジカセ　SA　PHPR83	1	6,880	6,880	1	1
公費	書写ペン	30	80	2,400	1	1
公費	硬筆練習帳 3年	65	150	9,750	1	1
公費	硬筆練習帳 2年	79	150	11,850	1	1
公費	硬筆練習帳 1年	75	150	11,250	1	1
公費	硬筆手本 3年	131	15	1,965	1	1
公費	硬筆手本 2年	159	15	2,385	1	1
公費	硬筆手本 1年	151	15	2,265	1	1
公費	画仙紙 ポリ入り	30	150	4,500	1	1
公費	書き初め手本1年ー3年	441	30	13,230	1	1
公費	書き初め練習用紙 20枚1組	750	90	67,500	1	1
私費	国語資料集総覧	149	630	93,870	1	1
私費	漢字練習ノート	154	380	58,520	3	3
私費	漢字練習ノート	128	380	48,640	3	3

「漢字練習ノート」について1学年以外は使用しているが、漢字ノートよりも問題集の方が良いかも知れないという意見も出ているそうだ。それにより"3"が選択されている。

毎年、書写担当に「書き初め練習用紙」の注文を任せているが、今年度、数量を"枚数"と"組数"を誤って注文してしまい、数十年分が納品されてしまったということがあった。

数学

	品名	数	単価	合計	費	引
公費	ダストレスチョーク	2	1,248	2,496	3	3
私費	基礎からの問題集 1年	149	540	80,460	1	1
私費	基礎からの問題集 2年	154	520	80,080	1	1
私費	基礎からの問題集 3年	128	540	69,120	1	1

「ダストレスチョーク」の"3"については2年しか使用しなかったからという結果。それは特に問題があるとは感じない。「基礎からの問題集」は、基礎の定着が図れ、効果が出ているそうだ。

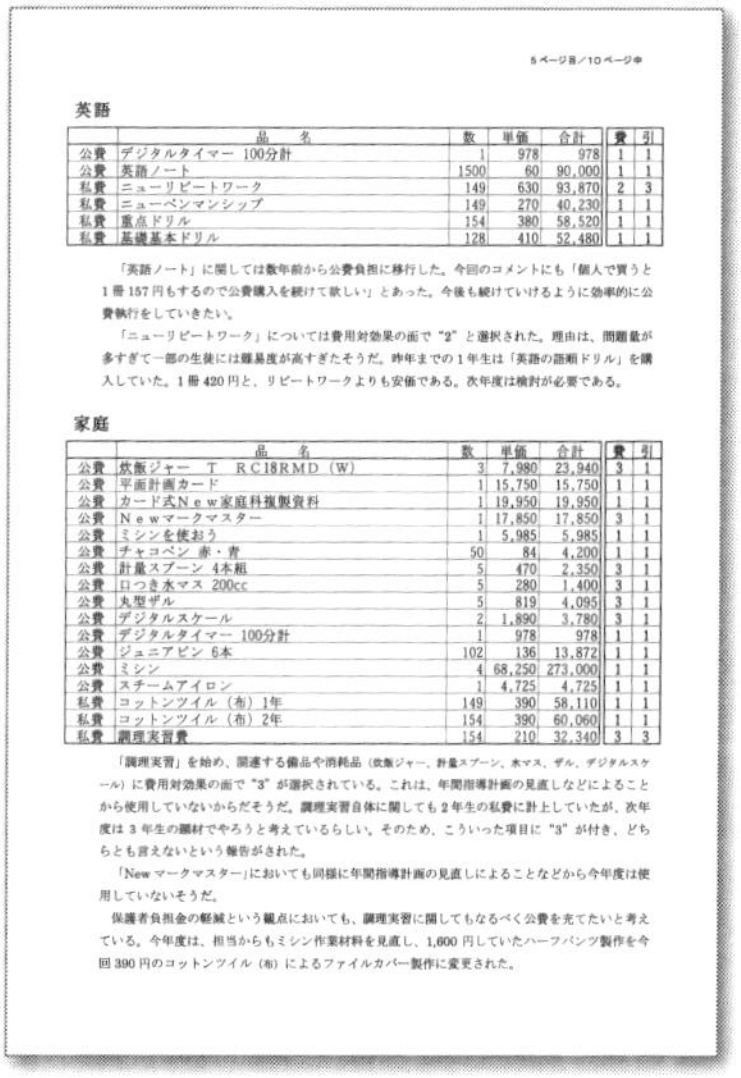

5ページ目／10ページ中

英語

	品名	数	単価	合計	費	引
公費	デジタルタイマー 100分計	1	978	978	1	1
公費	英語ノート	1500	60	90,000	1	1
私費	ニューリピートワーク	149	630	93,870	2	3
私費	ニューペンマンシップ	149	270	40,230	1	1
私費	重点ドリル	154	380	58,520	1	1
私費	基礎基本ドリル	128	410	52,480	1	1

「英語ノート」に関しては数年前から公費負担に移行した。今回のコメントにも「個人で買うと1冊157円もするので公費購入を続けて欲しい」とあった。今後も続けていけるように効率的に公費執行をしていきたい。

「ニューリピートワーク」については費用対効果の面で"2"と選択された。理由は、問題量が多すぎて一部の生徒には難易度が高すぎたそうだ。昨年までの1年生は「英語の語順ドリル」を購入していた。1冊420円と、リピートワークよりも安価である。次年度は検討が必要である。

家庭

	品名	数	単価	合計	費	引
公費	炊飯ジャー　T　RC18RMD（W）	3	7,980	23,940	3	1
公費	平面計画カード	1	15,750	15,750	1	1
公費	カード式New家庭科複製資料	1	19,950	19,950	1	1
公費	Newマークマスター	1	17,850	17,850	3	1
公費	ミシンを使おう	1	5,985	5,985	1	1
公費	チャコペン 赤・青	50	84	4,200	1	1
公費	計量スプーン 4本組	5	470	2,350	3	1
公費	口つき水マス 200cc	5	280	1,400	3	1
公費	丸型ザル	5	819	4,095	3	1
公費	デジタルスケール	2	1,890	3,780	3	1
公費	デジタルタイマー 100分計	1	978	978	1	1
公費	ジュニアピン 6本	102	136	13,872	1	1
公費	ミシン	4	68,250	273,000	1	1
公費	スチームアイロン	1	4,725	4,725	1	1
私費	コットンツイル（布）1年	149	390	58,110	1	1
私費	コットンツイル（布）2年	154	390	60,060	1	1
私費	調理実習費	154	210	32,340	3	3

「調理実習」を始め、関連する備品や消耗品（炊飯ジャー、計量スプーン、水マス、ザル、デジタルスケール）に費用対効果の面で"3"が選択されている。これは、年間指導計画の見直しなどによることから使用していないからだそうだ。調理実習自体に関しても2年生の私費に計上していたが、次年度は3年生の題材でやろうと考えているらしい。そのため、こういった項目に"3"が付き、どちらとも言えないという報告がされた。

「Newマークマスター」においても同様に年間指導計画の見直しによることなどから今年度は使用していないそうだ。

保護者負担金の軽減という観点においても、調理実習に関してもなるべく公費を充てたいと考えている。今年度は、担当からもミシン作業材料を見直し、1,600円していたハーフパンツ製作を今回390円のコットンツイル（布）によるファイルカバー製作に変更された。

費用対効果検証の報告資料より

私費で買っているもののなかでラジオキットについで高額（千二百円）な教材がある。価格の面から、昨年度は選択授業[73]で技術科を選択した子どもだけに使用させていたが、当該年度は全員に作成させる授業を計画した。これに対して、教育効果は出ているが、少し価格が高いため、次年度への引き継ぎでは「見直しを検討したい」という選択がされた。

ほかには、体育科で、「サッカーネット」と「ラインパウダーボックス」以外は教育効果が出たという結果がある。サッカーネットとは、サッカーゴールのネットのこと。正直、教育効果が出たかを計ることは難しい。校庭にラインを引くためのパウダーを保管するボックスも然り。音楽科では、「ピアノカバー」で同様な結果がある。完全に、わたしの聞き方ミスだ。[74]

——という笑い話もふくめて、当該年度の反省と次年度への課題を教科別に考えてもらい、教科部会としての引き継ぎ資料とすることができた経験は、学校として大きな実践となった。

ほかにも類似の実践[75]がある。

①「学校予算振り返りシート」により、全教科領域の購入実績を提示して、教育効果について検証する。そこから見えた課題を担当者どうしで共有して、改善に向けた会議をおこない、さらに、月例の「学校経理の日」という集中会議日にも課題の検証をおこなっている。また、財務評価ができる事務職員になるために、授業参観の必要性も提言している。

②「補助教材についての反省・評価一覧表」を学年ごとに作成し、保護者負担で購入した全教材について、活用・内容・量・価格という四点と次年度への継続性を、三段階評価などで検証する。これは、予算委員会でおこなう教材採択のための資料ともなる。

73 以前は中学校において選択教科があり、子どもたちが授業科目を選べる枠があった。現在の学習指導要領下では、選択授業をおこなっている場合は少ない。制度的になくなったのではなく、概念は残っている。選択教科を実施することは可能だが、定められた基本の授業時数外でおこなうことになっている。

74 一〇七ページのシートは、この反省を生かして「教育的効果の検証にふさわしくない」という項目を増やした、昨年度バージョンである。

75 現代学校事務研究会編『学校財務改革をめざした実践事例』(学事出版、二〇一四年)や、同編『学校マネジメント研修テキスト3 学校財務』(学事出版、二〇一二年)から引用抜粋して紹介した。

③「費用対効果検証シート」を使い、全教科について年間の購入実績を提示して、教科部会などで費用対効果と引き継ぎの検証をおこない、必要におうじてコメントを求める。校内研修の教科領域部会での作業に位置づけ、継続性を高めている。

④「教材の評価一覧」を学年ごとに作成し、前年度踏襲の傾向を回避するために、保護者負担で購入した全教材について、学年部会で、（次年度へ）継続・検討という観点で評価する。そして、検討事項に上がったものはコメントを記す。評価材料の提供というねらいで、学校評議員会へ予算執行について説明する機会をつくった。

⑤「年度末評価」を四つの分科会（教育目標・予算分科会、研究分科会、生活指導分科会、特別活動分科会）でおこなっている。そのなかの「教育目標・予算分科会」では、教材を個別に見ていくのではなく、大枠について評価するかたちでおこなう。評価の観点は、「保護者負担学習費の設定と執行は適切であったか」「公費による教材の購入と活用は適切であったか」など。

さまざまな取り組みが全国的になされているが、実施割合としてはまだまだ平準的な広がりにはなっていない。

財務評価を積み上げて公費増額へ事務職員にできること

学校評価は法律の定めにより、設置者に報告する。ようするに教育委員会へ結果を報告する義務が生じるのだ。そして、文部科学省が発表した「学校評価ガイドライン〈平成二十二年改訂〉」では、学校評価をおこなう三つの目的が挙げられている。

①各学校が、自らの教育活動その他の学校運営について、目指すべき目標を設定し、その達成状況や達成に向けた取組の適切さ等について評価することにより、学校として組織的・継続的な改善を図ること。

②各学校が、自己評価及び保護者など学校関係者等による評価の実施とその結果の公表・説明により、適切に説明責任を果たすとともに、保護者、地域住民等から理解と参画を得て、学校・家庭・地域の連携協力による学校づくりを進めること。

③各学校の設置者等が、学校評価の結果に応じて、学校に対する支援や条件整備等の改善措置を講じることにより、一定水準の教育の質を保証し、その向上を図ること。

「財務評価を積み上げて公費増額へ」とした意味に合致するのが③だ。これにより、報告を受けた教育委員会はその結果におうじて、学校に対する「支援や条件整備の改善措置」を講じることが求められる。そのためにも学校評価は重要視して取り組むべきだ。

学校財務の項目に関しては、事務職員がイニシアティブをとり、進めていく必要がある。たとえば、私費会計についての評価項目をかならず入れて、私費が過重になっていないか、なっている場合はどんな予算が不足しているのかをしっかりと考察し、教育委員会に報告する重要な職務を担っているのである。

コラム

卒業するのにお金がいるの？
――卒業対策費とは

公立小・中学校に入学金という概念はありませんが、卒業するためには数千円の費用が必要です。それが納められないと、卒業証書は渡せません。――というのは嘘ですが、小学校でも、中学校でも、卒業対策費や卒業準備金というお金を集めていることが多いです。お金を集める母体はPTA組織の場合が多く、卒業学年になると、卒業対策委員や卒業準備委員が組織され、活動がはじまります（「ソツタイ」や「ソツジュン」という言葉が飛びかいます）。卒業対策や卒業準備とはいっても、その活動がなければ卒業できないわけではありません。多くは、卒業セレモニーにかかわる仕事を担っています。たとえば、「卒業を祝う会」というような行事を企画運営したり、「卒業記念品（以下、記念品）」などについて学校と相談したりする仕事があります。また、公立小・中学校ではあまり聞かなくなりましたが、「謝恩会」についてもその担当者が担っていたのかもしれません。

PTA活動は全国津々浦々にあり、卒業に関する活動もさまざまです。つぎに挙げる事例は以前、中学校に勤務していたときの体験であり、全国的に共通ではないことを申し添えておきます。

その学校では、PTA組織の第三学年部が卒業対策委員会を兼ねていました。卒業に向けて、三年生だけPTA会費とは別に、千百円×人数分を集金していました。しかし、卒業生が少ないため値上げするという話を耳にし、くわしく調べることにしました。

その結果、卒業生から学校へという「記念品代」として六万円、卒業式で胸につける「コサージュ」二百円×人数分、卒業学年の教職員と管理職用の「生花コサージュ」千五百円×人数分、「同窓会費」強制加入で三百円×人数分という内訳でした。ほかの学校では、卒業アルバム代も支出するために一万円近く集めている例もあります。

冒頭で「卒業するためには卒業準備金を納める必要がある」という冗談を書きましたが、実質的には未納のまま卒業するという事態が起こったことはありません。そのため、できるかぎり内容を精査して集金するべきだと思っています。公費で支出できる部分はないか、省ける経費はないかなど、卒業対策委員会にかかわって見直していこうと思いました。

本章で述べた、ＰＴＡから学校に渡される「学校協力費」のこともあり、できるかぎりＰＴＡの会合には参加するようにしていました。

ＰＴＡ組織は、役員の枠組みとして理事会、その執行担当として執行部があります。理事会が開かれるまえに提案事項の確認や活動の企画をおこなっているのが執行部会で、その時点から話しあいに参加するようにしていました。

当時は会計担当としてかかわっていたので、執行部の一員ではありましたが、会合に出るとなると半日席をはずすことになり、躊躇していたこともあります。しかし、背に腹はかえられないので参加するようにしていました。せっかくなので教育費について話す時間をもらい、多くのタネをまく努力を続けました。たとえば、本書一〇二ページにあるような教職員向けの研修資料を使って話をしましたが、その場でもクイズの評判はよかったと記憶しています。「あまり提供されたことがない貴重な資料をありがとうございます」という感想もいただきました。

時は、「学校協力費」の減額を提案した会議の少しまえのこと――。

ＰＴＡ会費の予算案を検討するのが、新旧執行部会という会議でした。わたしもその会議に参加して、予算についてかなりの時間をかけて話しあいました。とくに学校協力費の減額に関する部分はいろいろと意見が出てきます。語弊を恐れずに書くなら、こういった減額提案など、何かをやめたりなくしたりすることは、「自分が会長のとき、自分が執行部にいるときにやりたくない」というのが正直なところだろうと感じています。

しかし、「来年は減額できても管理職がかわり、増額の要求が出たらどうしますか？」という意見や、「学校からの要求に対して二つ返事で従うのではなく、こちらの現状も伝えて話しあっていけばよいと思う。保護者負担の軽減につながっているのだから」という意見も出て、タネが成長し、芽が出た瞬間を感じました。その結果、減額提案が承認されるという流れになったのです。

値上げの根源は、卒業記念品にありました。

一人四百円程度を記念品にあてる場合、百五十人で六万円となります。しかし、子どもが減って百人だと、六万円を維持するために一人六百円必要になり、そのための値上げ提案でした。また、六万円という金額の根拠もとくになく、毎年同じ金額の設定だったこともわかりました。

column

話しあいの結果、記念品によって集金額が毎年変動するようなことは避けたほうがよいということで、記念品に対する集金額を固定することにしました（記念品代の総額を○○○円とするのではなく、記念品代として一人○○○円×卒業生の人数で設定するという意味）。これにより、記念品に使える総額を毎年変動させることになりました。

ちなみに購入歴を調べてみると、掲示板、冷凍庫、テント、どれも公費で購入することが可能な備品ばかりです。当時は、予算が少なくて記念品に頼らなくてはならないという感じではなかったので、廃止していく方向も視野に入れていました。でも、「第○期卒業生保護者一同」というようなプレートが貼られたものを学校に残したいという声は大きいのでしょうか？

まず、グレードは下げますが、コサージュはすべて公費で買います、という提案をしました。カタログで見るとピンからキリまであります。布製で四百円くらいの立派なものから、紙製で百円くらいのものまで。コストパフォーマンスを考えると、卒業式という集大成のイベントではありますが、四百円かけるべきなのか、しかし百円でよいのか……。話しあった結果、とりあえず二百円という金額を設定しました。次年度以降、卒業生の人数によって金額を変動させることを確認しました。

生花コサージュに関しては、「毎年なんとなくつけていたけど、保護者の負担だったら必要ない。気持ちはありがたいけどね」という卒業学年の教職員から声が上がり、廃止となりました。でも、子どもたちと同じコサージュはつけたいという要望から、公費で買うコサージュの数を増やしました。

結論からいうと、同窓会費三百円はどうにもなりませんでした。

問題なのは、ＰＴＡ組織も同じですが、同窓会が任意加入という立場をとっていながら卒業対策費として強制徴収していることです。

わたし自身が同窓会の会員ではないという立場もあり、同窓会組織の会議に参加できなかったことが原因かもしれません。それでも、同窓会役員の方が来校されたときなどは、話題にしていました。そして、役員会の議題には上がったらしいのですが、変更はありませんでした。同窓会の主張としては、同窓会の入会金という扱いで三百円をもらっているが、卒業生に対して等価の卒業記念品を贈っているので問題ないということでした。

さすがに、これ以上はつっこんだ意見を出すことができませんでした。

毎年、ＰＴＡ役員は変わってしまうこともあります。そういった場合、頼りになるのが「引き継ぎノート」です。それを見ながら前年度踏襲をするだけで精いっぱいというのが現実にはあると思います。わたしも毎年「Ｐ」の立場でＰＴＡ役員をやっていますが、なかなか「変える」ということは難しいです。「数百円の減額に数か月もかけるなら、そのままでいい」という意見もありました。時間は有限な資源です。ただでさえ忙しいなかで時間を割いて、活動をしていただいています。

しかし、話しあいを重ねることが理解につながり、新たな展開にもつながると思っています。なるべくスマートな会議運営などにより、負担を最小限に抑えて話しあいをおこなっていくことが、問題解決の近道ではないでしょうか。

第3章

変化し、広がる学校事務

学習環境を保障する

近年、給与事務の電子計算化が進んだことで、事務処理にかかる仕事の比重は減り、第２章で書いた財政的な仕事の比重が増えた。事務職員の職務内容も大きく変化し、学校財務や情報発信、就学保障、施設設備などに関する職務の比重が高まってきている。それによって、事務職員が保護者や地域、子どもに向けた仕事を担う場面も増えてきている。本章では、第２章で書いた仕事以外の部分に焦点を絞って紹介していこう。

1 情報を発信する

保護者へ、子どもたちへ、教職員へ

「学校だより」を読んだことはあるだろうか。学齢期の子どもがいる家庭には毎月配布されているだろうし、地域の回覧板にも挟まれていることが多い。最近では、学校のＷｅｂサイトでの公開も一般的になってきた。学校がおこなう情報発信では、もっともポピュラーなスタイルである。

さらに、回覧板には挟まれないが、「保健だより」や「給食だより」といった、在校生やその保護者向けのおたよりもある。また、「学年だより」や「学級だより」、「部活動だより」や「進路だより」といったもの、「音楽だより」や「体育だより」なんていうものもあり、学校からさまざまなスタイルで情報が発信されている。[1]

そして、その波に乗って（かどうかわからないが）、事務職員も「事務室だより」[2]と呼ばれる情報発信ツールをもっている。「学校だより」や「保健だより」を発行していない学校は、経験上なかったが、事務室だよりは発行していない学校のほうが多いかもしれない。そう、「事務室だより」は、かならず発行するおたよりという認識ではないのだ。そのため希少である。読んだことがある人は自慢していいと思う。

しかし、「事務室だより」にも種類があり、校内の教職員に向けたものはそれなりに発行されている。配布対象者で考えると、ほかのおたよりとくらべて保護者や子どもに向けたものは少なく、おもに教職員に向けたものが主流という、一般的感覚とは逆転の現象が起きている。保護者に向けた事務室だよりはめずらしく、教職員向けの保健だよりはあまり聞かない。そういった現象である。

その違いは、事務職員以外は、職種と固有の仕事（養護教諭＝学校保健、栄養士など＝学校給食）が認識されているからであり、その対象が保護者や子どもだからだろう。

事務職員の場合、数十年前はおもに給与事務を担っていた。それらの仕事は教職員に向けた内部的なものだ。そのため、事務職員の情報発信先は他職種ではあまり見られない、教職員向けが主流となってきたのではないだろうか。第2章でメインワークとして教育費について書いたが、それがメインと据えられてきたのは、ここ十数年のことである。

1　「保健だより」だったら保健室、「給食だより」は栄養士などというように、一般的には、発行元が容易に想像できるネーミングが多い。「学年だより」や「学級だより」も想像のとおり。「学校だより」は経験上、教頭がつくっている場合が多い。
2　全国的には事務室という部屋がなく、職員室で仕事をしている事務職員もいる。そのため、事務職員向けに書くときは、「事務だより」とすることが多い。しかし、個人的に「事務」という言葉があまり好きではなく、また、本書は一般読者へも向けて書いているため、想像がつきやすい「事務室だより」と統一することにした。事務職員向けに書いた、事務だより研究会『つくろう！　事務だより』（学事出版、二〇一三年）という本もある。巻末参照。

わたしの場合は、教職員向けはもちろんのこと、家庭向けに子どもと読める事務室だよりを発行している。[3] また、子どもに向けた壁新聞を掲示していたこともある。内容や意義、成果などは追って説明していきたい。

また、Ｗｅｂサイトによる情報発信も進んでいる。最近では何かを調べるときは、「とりあえずインターネット検索」が主流だろう。「くわしくはＷｅｂで」というやつで、転校してくる保護者はだいたい、転校先の学校について検索してくる。他校の電話番号を調べるのも「☎１０４」より早く、お金もかからない。Ｗｅｂサイトを開設していない学校を探すほうがたいへんな時代であり、学校名で検索すればヒットする。事務室のページをもっている事務職員も多くいる。

ほかにも、Ｗｅｂサイトの更新よりもかんたんにタイムリーな情報を発信するために、ブログを併設している学校もめずらしくない。さらに、ＳＮＳ（Social Networking Service）を利用している学校も増えてきた。ブログよりも気軽にタイムリーな情報を発信できる短文投稿サイトのアカウントから、つぶやくのだ。

日本の人口より契約数が増えたという携帯電話やスマートフォンの普及により、メールアドレスを登録し、よりタイムリーな情報を提供する方法も進んでいる。わたしなど、長男の学校・次男の保育所・勤務先の学校へアドレスを登録しているため、同じ不審者情報が三件同時に入ることもあるくらいだ。その反面、個人情報の問題とあいまって、電話連絡網をつくる学校は減っている。友だちの電話番号を連絡網で探し、電話をかけて遊ぶ約束をする時代ではなくなった。

「事務室だより」で情報を整理・伝達

「学校だより」や「保健だより」を発行しない場合は、不思議に思われる。というか極端な話、職務怠慢とまでいわれる可能性もある。こだわりをもって発行しないという話は聞いたことがない。しかし、「事務室だより」は、不思議に思われるのはいっしょだが、発行すると、勤勉とほめられることが多い。こだわりをもって発行しているという話になるのだ。

では、なぜ発行しているのか。わたしは、活用方法を大きく三つに分けている。

①情報発信ツール、②知識伝達ツール、③コミュニケーションツールである。事務職員が、家庭の保護者や子どもへ、そして地域住民へ、または校内の教職員へ、情報や知識を発信するためのツールとして、また、事務職員と関係者をつなぐ架け橋、コミュニケーションツールとして活用している。

情報発信ツールとしての意義は、どういうところにあるか。保護者・地域とのかかわりで考え

3　平成二十八年三月九日の「毎日新聞」に「広く周知――川口市立小谷場中の事務職員、事務室だより独自発行」というタイトルで取り組みを紹介していただいた。それくらいめずらしいのだ。ちなみに翌日から「新聞見たよ！」と、教育事務所やら、教育局やら、行く先々で声をかけていただいた。新聞効果ってすごい！　と思った出来事だった。

ると、ＰＴＡ役員以外の人は、そんなに学校に足を運ぶこともなく、学校の情報をキャッチする機会に恵まれているとはいえない。一方、国の施策[4]などの関係から、地域の人が学校にかかわることも増えてきている。また、学校を生涯学習施設と位置づけて、地域に開放する複合施設という名のもと、地域の人びとを積極的に学校へ受け入れている体制もある。そういった状況からも、学校からのさまざまな情報発信は有益となるだろう。

また、学校は子どもの学びの場として存在し、授業がメインである。子どもへの配布物は多くあるが、基本的に、授業で使うプリントが多い。子どもから子どもに向けて発行する「児童・生徒会だより」や、児童・生徒会の下部組織である各種専門委員会で発行する「図書委員会だより」「放送委員会だより」などもあるが、学校から子どもに向けたおたよりは意外と少なく、保健だよりや給食だよりに並び、事務室だよりの発行もねらいを定めれば、子どもの学習支援につながると考えている。

教職員に向けた情報発信に関しては、年々忙しくなる学校現場で全員が集まって話しあいをする機会が確実に減ってきており、勤務形態や職種の特性上[5]、職員会議などに参加できない教職員も多く存在しているため、情報の共有や周知などに役立っている。

そのため、学校財務を主幹する立場で、外部機関の制度など、さまざまな情報を加味しながら仕事を進める事務職員は、その情報を整理し、的確かつ効率的にもちいて、教育活動に生かすことが望まれる。事務室だよりとして、学校財務の情報などを発信していき、保護者・地域、子ども、教職員と共有していくのは意義深いことである。校務分掌表で、事務職員は「情報発信主任」とでも標準的に位置づけてよいくらいだ。

知識伝達ツールとしては、事務室だよりをただ配って発信するだけではなく、保護者・地域に向けて各種会合で配ったり、役員会で説明しながら配ったりすることで、伝達という意味をこめられるだろう。たとえば、教育費について特集を組み、学びあうことができる。教職員にとっては真新しい情報ではなくても、保護者には新鮮に映ることが多いのが、学校財務に関する情報だ。それだけ発信がなされていないのだろう。学校だよりにお金に関する記述が載っていたとしても、未納解消に関するお願いだけだろう。

そうではなく、支払いの当事者である保護者に、学校給食費や教材費、卒業アルバム代などの金額を伝えることで、驚かれることもしばしば。金融機関からの引き落としが主流となっていることで、身近に感じなくなっているのかもしれない。そのような取り組みをしていると、「口コミ」による知識の広がりや伝達が期待できる。保護者どうし、横のつながりは強い。わたしも長男の学校でＰＴＡ役員をしているが、業務と関係ない連絡もバンバン飛びかう。

4 「学校運営協議会」「地域支援本部」「学校評議員制度」など、地域の方々が学校にかかわる制度が法制化されている。それぞれの詳細は説明しないので、くわしく知りたい方はWebで検索してほしい。「くわしくはWebで」（笑）。

5 たとえば、スクールカウンセラーは隔週勤務であり、非常勤講師は午前中勤務であるため、会議に出られないことが多い。また、給食調理員や学校用務員は業務の性質上、会議の時間に持ち場を離れることができなかったり、職員室待機が業務の一部だったりと、参加すること自体に弊害が生じる場合がある。

子どもに関しては、学校施設設備の知識伝達が身近だろう。たとえば、消火器の場所や使い方、水道までの水の流れ、放送設備の仕組み、電気やガスなど、子どもたちが学校で生活をしていくために知っておく必要がある知識を伝達してみたことがある。第1章で説明した「学校探検」のときに、資料として使ってみた。探検地図のように活用してくれたグループもあった。また、児童・生徒会などと協働して学びあいの場を設定することもできるだろう。

教職員に対しては、会議や研修の会場で配り、かんたんな説明を加えて知識の共有を深めたり、拡大印刷してコピー機の前に掲示したりしている。コピーをするときは、スタートボタンを押したあと、目のやりどころを探すことが多いので、ポスターのように事務室だよりが貼られていると、自然と視線が集まる。ほんの数秒間でも、そこが学びの場となる。何度も同じものを目にすることにより、理解が深まるのだ（かつて「ケッペンの気候区分」を部屋に貼ってひまがあると眺めていた。いつのまにか全体のイメージが詳細に焼きついたものだ）。

知識を伝達するためには、まず、自分の学びを深めることが必要である。研修で学んだことを右から左へと流すだけではなく、さらに知識を深めてから発信する必要がある。テスト前に友だちどうしで問題を出しあうと、出された問題に答えるより、問題を考えて出すほうが理解が高まるのと同じ効果だ。また、伝達された知識を他者がさらに伝達する可能性もあり、知識の伝播が起きることも期待できる。

そして、総合的にコミュニケーションツールとしても活用されていくことだろう。事務室だよりにとりあげた内容が話題となり、広がる人間関係を何度も経験している。仕事として発行しているので遊びではないが、ひと握りの遊び心は必要だと思っている。語りかけるような文体や効果的なイラストの挿入は欠かせない。まずは、読んでもらうことが重要なのだ。

アピールのチャンスは逃さない 壁新聞やWebサイトも

まず、家庭に向けた事務室だよりである。正直なところ、全国的にも事例は少なく、知名度でも「保健だより」や「給食だより」には到底かなわない。勝ち負けではないが、表すならコールド負けくらい。学校から家庭向けに配布されるおたよりのなかでも珍種だ。

異動して新しい学校で発行すると、かならず反響をもらえる。「えーと、アレ、あれ読みましたよ」という感じで保護者は声をかけてくれることが多い。最初は「アレ」でもうれしいのだ。コミュニケーションツールとしての効果、抜群である。

内容としては、第一に事務職員の仕事を伝えている。これが重要。ただでさえ認知度が低いのだから、事務職員がどんな仕事をしているのか、ぜひとも知ってほしい。同業種でもなければ、保護者で事務職員の仕事を詳細に知っている人はまずいない。

自分の仕事に関する情報発信をするとともに、保護者・地域の人びとと同じように、子どもの教育環境整備を担当しているというつながりを伝えている。保護者・地域住民との協働が広がる第一歩になると考えているからだ。

わたしの場合、発行頻度は年に三回、学期に一号つくっている。サイズはＢ４[6]で両面印刷とし、表面を保護者向け、裏面を子どもと読める内容に工夫している。具体的な内容は、学校給食費や教材費といった集金の話題や、奨学金の募集、教材・教具、無償とされている教科書のことなどで、事務職員が発信をしないと表に出てこない情報は、家庭にとって新鮮で興味をひくだろうと考えている。

また、地域にまで届くツールとして学校だよりを活用することもできる。わたしは、「事務室からのお知らせ」というコーナーをつくってもらい、「事務室だより」では伝えられないタイムリーな情報を載せていた。ＰＴＡの広報紙に登場させてもらったこともある。ところかまわずではないが、事務職員をアピールできるチャンスは逃さない。

つぎに、子どもに向けた事務室だよりがある。子どもに対しても、家庭向けと同様、事務職員の仕事を紹介することは必要だ。顔くらいは知っていても、仕事は知らないだろう。そういった意味では、保護者より近くて遠い存在でもある。難しい表現ではなく、子どもたちが身近に感じる仕事を紹介し、理解を深めてもらう。

たとえば、「授業で使っているチョークや紙を買う仕事」「黒板の修理をお願いする仕事」「お昼に食べている給食の材料を買うために、お金をおうちの人から集める仕事」など、子どもの学校生活にかかわりが深い仕事をわかりやすく切りとったような紙面にしている。さらに、教員とは違う職種であり、成績をつけないおとなが学校にいること、授業はしないけれど、子どもたちのために働いていることが伝われば、ねらいのひとつは達成だ。

また、壁新聞という方法もある。配って終わりではないため、効果は長続きする。口に入れたら溶けてしまう飴ではなく、長く口のなかに残るガムのようなものだ。事務室の壁などに掲示すれば、受付窓口の近くということで、子どもたちだけではなく保護者や地域の人たちも読んでくれる。夏休みのまえには学割特集号を掲示したり、図書室壁新聞として、新しく買った本や青少年読書感想文全国コンクール課題図書の紹介を掲示したりできる。壁新聞にすると、ちょっと立ちどまって読むことができ、より身近に感じてもらえるのだ。

最後は教職員向けのもの。教職員には、毎月一回、給与支給日に給与明細といっしょに配布している。十年以上も続けているので、昨年百号を越えた。内容もさまざまだ。参加した研修の報告をとりあげて内容を教職員に還元することや、話題のニュースを解説してみたり、各種制度改定のお知らせを書いたりすることもある。ひと言でいえば、社内広報というようなものだろうか。

事務室だよりではないが、Ｗｅｂサイトを利用した情報発信もできる。前述したように、事務室のページを開設している学校もあり、転校手続きや各種証明書発行の手続きなどを説明していることが多い。わたしも、そういった内容を発信し、家庭向け「事務室だより」や就学援助にか

6　学校現場での印刷用紙の主流はBサイズ。ビバ日本規格！　という感じだろうか。ストックからいちばん出るのがB4、ついでA4という感じだ。

かわる制度のお知らせ、各種証明書の発行にともなう申請用紙などをダウンロードできるようにしている。

事務職員がＷｅｂサイトの管理・更新を担当していることはよくある。事務職員はコンピュータを使って仕事をすることが多く、扱いに慣れているとか、くわしいと思われていることが多いからだろうか。もちろんすべてではないが、じっさいそういう人も多い。わたしもこのパターンで、管理・更新を任されることが多い。以前の勤務校では、学校のＷｅｂサイトの全面リニューアルも担当し、素材（文章や写真など）もほぼ自分で書いたり集めたりし、すべてつくりなおすという骨の折れる作業もおこなった。

学校行事のページでは、学校全体の行事だけでなく、学年行事の情報も載せ、広く閲覧者を増やす取り組みもしてみた。そのため、行事には可能なかぎりかかわり、雰囲気が出るように「Ｗｅｂサイト用写真撮ります」という自作の腕章をつけて素材を集めた。――しかし、これがたいへんだった。Ｗｅｂサイトを担当するということは、学校全体を見渡しながら情報を収集する必要があり、さまざまなことにかかわっていないとできない。表向きは写真撮影やコメント用の原稿書きだが、事務職員として、行事で使用している備品や施設設備の状況をじっさいに目で見るよい機会だ、と自分に言い聞かせて乗りきっていた。

2 情報を安全に管理する

増殖する情報管理の仕事

公文書の管理という仕事がある。第2章で、事務職員は「契約担当者などの職指定を受けていることが多い」という調査結果を紹介した。その調査によれば、事務職員を「文書取扱主任」と職指定している自治体も多い。二〇〇九（平成二十一）年に、「公文書等の管理に関する法律」が制定された。その目的は、公文書等をしっかり管理し、適切な保存及び利用等を図ることにある。それにともない、自治体レベルで条例を制定し、要綱などによって、文書にかかわることが多い事務職員を職指定しているのだろうと思う。

公文書には保存年限がある。この文書は五年、この文書は十年、永久保存なんていう文書もある。それを事務室で一括管理し、保存台帳や廃棄台帳を作成して管理するのだ。そのために、事務室にはファイリングキャビネットがいくつもある。耐火金庫とあわせて、だいたい五、六台はあるだろうか。

保存と廃棄だけではなく、収受や発送[7]といった仕事もある。さらに、文書の審査という仕事もあり、起案された文書をチェックし、外部に発信する文書に誤りがないか確認する。誤字脱字はもちろんのこと、表現方法や言いまわし、法令上の問題などについて、細かなチェックや指導を管理職とともにおこなう。また、後述する情報公開制度や個人情報保護にも対応していかなくてはならず、情報公開主任や個人情報保護責任者に併任されている場合も多い。

情報化社会となったことにより、紙媒体の情報以外に電子化された情報の管理も求められてきている。子どもの成績や健康状態の情報をコンピュータで管理し、必要なときにプリントアウトする時代になっているのだ。また、校務支援ソフトを開発・導入し、データを一元化している自治体もある。それにより、情報の活用という点では効果が出ているだろう。

しかし、管理面を考えると、一度に流出するデータが膨大となる恐れがある。また、「うっかりミス」が起こる可能性も否めない。すべてのデータが入力されている前提で成績票をプリントアウトしたところ、美術科の成績が入っていなかったというミスも経験した。さらに、入力ミスによる成績の誤通知も考えられる。入力に関して二重三重にもチェックが必要となるだろう。

兵庫県西宮市では、事務職員を学校ＣＩＯ補佐と規定している。ＣＩＯ（Chief Information Officer）とは、ネットワークの総括的な管理および運用をおこなう最高情報責任者のこと。その学校における責任者としての学校ＣＩＯを校長とし、補佐に事務職員一名と情報教育担当教員一名があてられている。

おもな職務は、コンピュータやそれに付随する物品、校内ネットワーク、Ｗｅｂサイト、セキュリティの管理をはじめとして、授業におけるＩＣＴ（Information and Communication Technology）活用の促進だ。ここでも、「事務職員＝コンピュータ利用＝得意」という公式が適用されているのだろうか。調査によると、ほかの自治体でも、文書取扱主任が情報取扱主任を併任されているところがあった。

わたしの経験から、コンピュータ室内と職員室内がつながっている校内ネットワークが組まれている場合が多い。サーバーをコンピュータ室において集中管理している。コンピュータ室からは、パスワードなしでは職員室のフォルダの情報を閲覧できないが、逆はフリーで可能という組み方がされていた。それにより、授業の準備は職員室内でおこない、パスワード入力によって、そのデータをコンピュータ室で閲覧しながら、授業ができるのだ。逆に、コンピュータ室でつくられた子どもたちの作品などは、職員室でチェックすることができる。

職員室内のデータはサーバー上の共有フォルダに保存される。しかし、このフォルダメンテナンスが意外とたいへんなのだ。何がたいへんかというと、データ整理である。フォルダやファイルが乱立されると、必要なデータにアクセスするのに苦労する。「わたしのフォルダに入れておいたから！」と言われても、その「わたしのフォルダ」までたどり着くまでに力尽きること多々。

7　文書収受という仕事がある。たとえば、国の通知などを都道府県が収受し、それに鑑文書（国から文書が来たよ、都道府県も同感だから市区町村へ流すね、という文書）をつけて市区町村へ発送する。さらに、市区町村の鑑文書がついて学校へ発送される。それを事務職員が「たしかに受けとった！」という意味で収受簿に記載するのだ（最近では記載しない自治体もある）。その文書が管理職を経由して担当教職員のもとへ届く。最後に、文書主任の責任で保存がなされるという流れである。

さらに、だれがつくったかわからないフォルダやファイルは消去にためらう。そこで、情報主任といっしょに、データ整理と使い方を提案した。

基本的には、校務分掌に沿ったデータフローである。共有フォルダの下に指導部・教務部・管理部という大項目を設定し、指導部の下に生徒指導・教育相談、教務部の下に授業計画・行事計画という中項目をつくる。そして、生徒指導の下に提案文書や提出文書、年間計画などの小項目で整理する。また、学年フォルダ↓学級フォルダという別系統も組みこんだ。そして、ガイドラインをつくり、全員が守ることで、データの整理が保てる。もちろん、一年もすれば少しずつ崩れかけていくため、大きな事故が起こるまえの予防として、ネットワーク内をパトロールする必要がある。

ネットワークのメンテナンスをふくめた設計は専門業者がおこなっている。しかし、緊急時の対応やかんたんなメンテナンスなどは、わたしがすることも多かった。多少属人的な働き方であるため、すべての事務職員に望めることではないが、少しずつ改善策を業者に教えてもらいながらネットワークを理解し、かんたんな問題は解決できるようになった。

さらに、そのネットワーク内に印刷機を組みこみ[8]、データ送信により印刷できるようにしてみた。原稿をプリントアウトする手間や印刷機での設定が省けるため、便利になった。

情報発信と情報管理は関係が深い。情報を出すことと守ることは、学校において事務職員が担うべき重要な職務となっていくだろう。

先手を打って情報公開を

一九九九（平成十一）年に「行政機関の保有する情報の公開に関する法律」、いわゆる情報公開法が制定された。自治体レベルではそれ以前に情報公開条例ができ、情報公開請求を受けているところもあったが、法律ができたことで公開制度が全国的に脚光を浴び、職員会議の記録や指導要録[9]などの開示請求も盛んになった。

学校が保有している情報で公開請求がされるのは、教育指導に関するものが多いという。しかし、事務職員が扱うような情報も公開の対象である。財政悪化にともない、学校に配当した予算の一部を保留としたことに対し、保護者負担の増加を招く懸念があるとして、住民が公開請求をおこない、自治体内すべての学校に「予算計画書」を公開する決定が下ったこともある。

8　学校の主流は印刷機である。社会一般的に、印刷機と呼ばれる機械の認識がどれだけされているかわからないが、学校で印刷するというと印刷機でおこなう。印刷業者が扱うような大型のものではなく、コピー機サイズの孔版印刷機である。原稿をセットして、マスターと呼ばれる原紙（版画でたとえるなら、削る板）に転写され、インクの染み出るドラムに貼りつく。それが回転しながら紙に押しつけられ、削られた部分が転写される（おそらくこんな感じである。専門家ではないので悪しからず）。コピー機で百枚印刷するのは時間とコストが必要だが、印刷機なら一分もかからないし、安くすむ。

9　指導要録には、「学籍」に関する記録と「指導」に関する記録がある。進学や転校した場合はコピーが進学・転校先に送られる。入学や卒業に関する学籍記録は二十年保存だが、進学先に送付する調査書（内申書）のもと的な指導記録は五年しか保存されない。開示請求をするなら急ぐ必要がある。最近では、調査書のコピーをあらかじめ本人に提示する学校も多い。

これは一例だが、事務職員は、小規模校でも数百万円、大規模校なら数千万円の、住民から集めた税金を執行する立場にいる。物品購入ひとつをとっても、住民に説明できるような使い方が求められている。最近では、教材費など保護者から集めたお金の監査を、保護者にお願いする例が増えてきている。学校も公開請求されるまで待つのではなく、積極的な発信による情報公開が必要だろう。

保護者の立場からも、学校に言われるまま「監査という名の署名捺印」をするだけではなく、しっかり内容を確認して、わからない部分には説明を求め、納得した状態で監査をおこなうことが大事である。学校側も説明責任を果たすために、ただ内容を説明するのではなく、保護者にわかるような言葉で説明し、そのうえでの判断を仰ぐことが必要だ。そのため、会計検査ではあるが、監査に立ち会うときは、表計算ソフトでつくられた会計報告の数値を一生懸命に検算するのではなく、内容の監査（いわゆる業務監査）を重視してもらうようにしている。

学校は個人情報のかたまり

二〇〇三（平成十五）年に、「個人情報の保護に関する法律」、いわゆる個人情報保護法が制定された。情報公開法と同じく、自治体の先行した条例制定に後押しされたなかでの成立だった。現在は、ほとんどの自治体で、プライバシー保護を目的とする条例の制定がある。

情報公開が、公的機関の情報にアクセスする権利であるのに対して、個人情報保護制度は、住民の人権を守るため、公的機関や私人などによるプライバシー侵害を防止するための制度である。

学校には多くの個人情報がある。事務職員もそういった情報を扱うことが多い。たとえば、入学と同時に、家庭の情報を「家庭調査票」という紙に書かせる。そこには、住所氏名や年齢、家族構成や保護者の勤務先まで載っている。学校はこれを収集し、緊急時の連絡先などを確認する。「年齢まで書かせる必要ありますか？」と会議で発言したところ、翌年には年齢の項目が消えた。個人情報やプライバシー保護が叫ばれている時代だからこそ、収集するべき内容かどうかをしっかり精査する努力が求められるだろう。また、「引き渡し訓練用のカード」[10]や「保健調査票」[11]、「アレルギー確認票」[12]などもある。

また、情報発信と個人情報保護は相対する場合がある。たとえば、行事の写真を学校だよりやPTA広報紙に掲載することがよくあるが、掲載に関して全員に調査をしている学校もあった。各種おたよりに子どもの写真を載せてもよいか、Webサイトに載せてもよいかの可否を尋ねる

10　災害時などでいっせいに子どもを引き渡すさいに、学校が保有している引き渡しカードに名前が載っている人かどうかを確認し、子どもを正確かつ確実に引き渡すための照合カードである。第一～第五引き取り者くらいまで定める場合があり、第三引き取り者くらいになると、担任も会ったことがない祖父母となるだろう。
11　健康の記録とでもいうべきか、病気や予防接種の経歴、健康状態などを保護者が記入し、学校が保管する。
12　文字どおりアレルギーを確認するために保護者が記入し、学校が保管するものである。保健調査票にアレルギーに関する調査項目がある場合もある。

調査だ。数パーセント程度の保護者はやめてほしいと回答していた。その場合、文書取扱者や管理職が写真を一枚一枚確認し、その子が写りこんでいないかをチェックする。虫眼鏡で探すことまではしないが、たいへんな作業だ。

　教職員に対しても、個人情報保護の観点は重要である。履歴書から給与明細書、手当の確認書類など、事務室には教職員の個人情報が満載である。おそらくどこの自治体でも同じだろうが、給与や住所氏名などを管理するための電算番号という番号が個人に割り振られている。埼玉県の場合、事務職員が使う給与システムサーバーとつながっているコンピュータに電算番号を打ちこめば、データが参照できる。だが、ロックのかかった扉を三回パスしなくてはならず、基本的に、そのパスコードは事務職員以外、知らされていない[13]。

　しかし、もっとすごい番号を管理しなくてはならない事態が起きている。「行政手続における特定の個人を識別するための番号の利用等に関する法律」による、いわゆるマイナンバーだ。今後、金融機関などの民間にも流れ、運用がはじまろうとしていて、情報が何もかも十二桁に盛りこまれる可能性がある。その情報が記載された書類を事務室で管理していくとなると、いまの耐火金庫では、少々荷が重いかもしれない。事務職員の網膜を登録できるような、最強の金庫を整備してほしいと切に願う。

セキュリティ事故防止策の利点と難点

成績票を紛失したという事故があとを絶たない。擁護するわけではないが、これにはさまざまな裏事情もあるだろう。個人情報がふくまれている書類やデータは基本的に校外へ持ち出してはならない、という規程をつくっている自治体は多い。しかし、超過勤務の問題とも重なり、早く退勤させたいが成績処理が追いつかないという場合に、許可制で持ち出しを可能としている場合もある。そういったときに偶然、事故が起きてしまうのだろう。情報セキュリティに関しては、自治体によって温度差があることは確かだ。

たとえば、一人一台コンピュータが貸与され、ネットワークが組まれていてもインターネットにはつながらないように設定されていて、ウイルス感染などを防いでいる事例がある。いまどきインターネットにつながらないのも不便だが、ウイルスによる情報漏洩対策としては万全かもしれない。個人情報などを扱わないと定めたコンピュータを、別のネットワークからインターネットに接続しておけばよいだろう。

13 万が一、事務職員に事故があった場合は給与支給がストップしてしまう――わけはない。確認してはいないが、管理者サーバーではパスコードを強制的に上書きすることなどが可能だろう。そういったリスクを考えると、管理職と共有しておく必要があるだろう。こまめに変更を促されるが、そのつど……。ちなみに、人事異動により事務職員が入れかわる場合には、前任者から引き継ぎ、ただちに変更するという手段がとられている。

外部メモリーを受けつけないというところもある。ＵＳＢメモリーなどからの感染を恐れているのだ。こういった自治体では、ネットワーク内にデータを格納するために、共有フォルダをサーバー上につくっている。出席番号的に振られた自分のフォルダにデータを保存するのだ。自分のコンピュータ内に保存しないため、万が一コンピュータ自体が盗まれても、データ自体を抜かれることは少ないだろう。

さらに、データ格納サーバーを校内にすら置かないという場合もある。教育局で厳重に管理されたサーバー内に、管理下すべての学校データを保存するシステムだ。この場合は、アクセスが集中すると保存するのに時間がかかるというデメリットをよく聞く。

しかし、学校自体が存続不可能となるような災害などの場合は、データですら校内に置かないほうが安全なのかもしれない。教育局が被害を受けたら元も子もないが。将来、インターネット上のクラウドサービスを活用するという方法もあるかもしれない。公的なデータを民間会社が管理するという方法には、越えなくてはならない壁は多いだろうが。

事務職員の仕事に関しても、インターネット回線を使って給与に関する情報を報告する[14]ことが主流となった。事務室のコンピュータから給与管理者のコンピュータにアクセスし、必要な情報を打ちこむのだ。そして、給与支給日が近くなると、入力した情報が反映された給与明細書をダウンロードして、配布する。

以前は、紙による報告をおこなっていた。月末になると、給与情報を管理している教育事務所へ報告書を持参していたため、教育事務所から遠い学校は時間とお金がかかった。入力する手間は増えたが、移動時間や出張旅費に影響がなくなったため、便利ではある。その反面、アクセスが集中すると入力データの反映に時間がかかることや、ときにはフリーズすることもある……。セキュリティの強化と利便性は相反するのかもしれない。

3 危険な化学物質から学校環境を守る

シックスクールは労働問題でもある

シックスクール（Sick School）＝病んでいる学校ではないことを、はじめに書いておこう。シックスクールとは、学校版シックハウス症候群のことである。学校施設に起因するホルムアルデヒドやトルエンなどの化学物質による健康被害に加え、化学物質に対して過敏に反応する子どもなどへの対応をふくめた問題の総称とされている。

14 たとえば、給与振込口座の指定や変更、各種手当額の入力、非常勤職員の勤務日登録などがある。

シックスクール症候群の原因となる化学物質には、ホルムアルデヒドやトルエンをはじめ、キシレン、パラジクロロベンゼン、界面活性剤、有機リン剤などがある。このような化学物質により、健康被害を訴える子どもが増えてきたのだ。わたし自身も、油性ペンなどのにおいには少しの時間でも反応し、頭痛がする。この分野は子どもたちだけではなく、そこで働くおとなにも関係することなのだ。

行政の対応をみていくと、文部科学省は二〇一一（平成二十三）年、「健康的な学習環境を確保するために」というパンフレットで啓発している。都道府県レベルでも、埼玉県[15]や長野県[16]、神奈川県[17]などがマニュアルや手引きを発行している。

「たかが油性ペン」を変えることから

教室や廊下、トイレなどには、さまざまな化学物質が存在している。たとえば、教室。模造紙にグループでまとめる作業をするときによく使うだろう油性ペンには、「キシレン」という物質がふくまれていて、頭痛や疲労感といった症状をひき起こす場合がある。[18]「油性ペンのにおいって、頭が痛くなるよね」という認識はあるが、学校全体で化学物質についての情報が共有されているとは、なかなか言いがたい。いくつかの事例を挙げてみていこう。

まず、さきに出た油性ペンのこと。異動した先の学校では、油性インクのペンが主流で、各色豊富にそろえてあった。「キシレン」のことが気になり、なるべく安全なペンに買いかえるという連絡を教職員全体にしてみたが、真意が伝わっていないように感じた。そのため、シックスクールについて説明を加え、のちに文書で補足することとした。その後、消耗品棚には油性ペンから水性顔料のペンを中心に置くように変更した。事務室には、ちょっとした作業ができるように、事務机以外にも大きめの机を置いてある。いちいち教室などに文房具を持っていかなくても作業ができるように工夫していたのだが、そこで油性ペンをガンガン使われるとこちらが辛い。そういった環境改善にもつながった。

キシレンという物質は、「学校環境衛生基準[19]」にも揮発性有機化合物として掲載されており、検査項目にも挙げられている。水性ペンは、その名前からもわかるように、油性ペンの溶剤分を水に置き換えたもの。そのためキシレンは使用されてないが、多少の溶剤はペンには必要らしく、

15 埼玉県教育委員会「県立学校のシックスクール問題対応マニュアル」(平成十五年三月)
16 長野県教育委員会事務局保健厚生課「学校環境とシックスクール問題への対応について」(平成十七年三月)
17 神奈川県教育委員会「県立学校における室内化学物質対策マニュアル(改訂)——学校でのシックハウス事故を避けるために」(平成二十四年三月)
18 専門的な知識は、以下の本などを参考にした。化学物質過敏症支援センターシックスクールプロジェクト『シックスクール——子どもの健康と学習権が危ない!』(現代人文社、二〇〇四年)、近藤博一『知っていますか? シックスクール——化学物質の不安のない学校をつくる』(農山漁村文化協会、二〇一三年)、各都道府県発行のマニュアルなど。
19 学校保健安全法にもとづく、文部科学省の告示である。空気中にふくまれるキシレンの望ましい数値基準などが定められている。ほかにも、水質や照度などにおいて具体的な数値が定められている。さらに、文部科学省では告示をくわしく説明した『学校環境衛生管理マニュアル』を発行し、補足している。

水性ペンであっても人体への有害性はゼロではないという。

また、これらの物質は空気より重いため、下に滞留するものもあり、床で作業することを避けたり、換気や手洗いなどで化学物資の刺激を和らげるようにしたりする必要がある。どうしても使わなくてはならない状況のためにも、こういった情報は教職員間で共有し、「たかが文房具」という考え方を改めていくことが大切だ。

つぎは、床に塗られているワックスについて。ワックスにも油性や水性などの種類がある。自分が子どものころ、ドロドロしたオレンジ色のワックスを床に塗らされた。あれは何だったんだろうか……。形状からして油性ワックスの可能性が高いが。油性ワックスにはペンと同じく溶剤がふくまれていて、皮膚炎や頭痛などをひき起こす場合がある。また、塗膜の粉末化やムラを防ぐためなどに使われる、可塑剤という物質がふくまれているワックスもあり、有機リン系の可塑剤が使われていることがある。有機リン化合物は、一般的に、神経への毒性が注目されている物質である。

ワックスについても、着任と同時に見直しをおこない、「有機リン化合物やシックハウス症候群嫌疑物質、環境ホルモン嫌疑物質などが含有されていない」と紹介されているものに変更した。しかし、いままで使っていた水性ワックスの三倍くらい値が張る。

水性も比較的安全なワックスであるため、経済面と天秤にかけてしまう学校はあるだろう。子どもの安心・安全、健康に関係することは、お金を出してでも配慮するべきだが、それを管理者として教育委員会が推奨してほしいと願うばかりである。つぎの事例でふれるが、要望に答えてくれた自治体もあった。

話をもどすと、「シックスクール対応」と書いてある比較的安全なワックスでも、防腐剤などはふくまれている場合があり、食品添加物ではない工業用防腐剤には溶剤や界面活性剤がふくまれていて、皮膚や気管支に刺激を与える恐れがあるという。結局、ワックスを使うこと自体を考えなおさなくてはならないのだ。このときは、「ワックスをやめる」という選択肢をふくめることができず、さきに紹介したワックスよりさらに安全で、口に入れても問題ないという天然成分しかふくまれていないものを使うことで落ち着いた。

さらに、「床はピカピカでなくてはならないのか」という、そもそも論まで出す必要を感じる出来事でもあった。わたしは提案まで至らなかったが、木造校舎においてワックスのかわりに「米ぬか」を使っている事例を聞いたことがある。

トイレの芳香剤も、問題は多い。いまではほとんど見かけなくなったが、小便器に入れる芳香剤のトイレボールがある。約十年前、はじめての異動で、期待を胸に着任校の事務室を開けたときのことである。そこにはなんと、山積みのトイレボールが。期待は不安に変わり、その足でトイレに向かった。想像どおり、色鮮やかなトイレボールがみごとに配置されていたのだ。

トイレボールには、パラジクロロベンゼンという物質がふくまれていて、目や鼻の痛みが出ることがある。さらにパラジクロロベンゼンは、手で触れるだけでも皮膚炎を起こす可能性があり、発がん性も疑われているという、ひじょうに怖い物質。トイレから出ても衣類にまとわりつき、時間が経ってもにおいが消えない。トイレボールを子どもが食べることは想定しづらいが、この物質は衣類の防虫剤としても使われていて、子どもの誤飲事故も起きている。

「なくしたらトイレくさいよ」という清掃担当の意見で、使用を続けていたらしい。しかし、「学校環境衛生基準」などを参考にして資料をつくり、会議にかけて使用中止を決めた。大量のトイレボールは、数日前に今年度用として納品されたものだったため、納入業者にお願いして返品とさせていただいた。

全国的にも、パラジクロロベンゼン製の芳香剤をトイレで使用しないようにという通知が出ているところが多い。埼玉県でも、パラジクロロベンゼンをふくんでいるものは使用しないと通知されている。

もちろん、代用品は必要である。言ってみれば、芳香剤はにおいをにおいでごまかすものである。それをやめるには、においの原因物質をとり除く必要があるのだ。トイレのにおいの原因は尿石が大部分であり、ようは尿石を削る作業がいちばん効果的だ。専門業者に依頼するか、PTA活動として保護者と学校で協力しておこなう取り組みもあると聞く。いずれにしろ、人手はいる。

そこで、尿石削りよりは効果が見込めないかもしれないが、化学物質をふくまず、微生物が自然の力で尿石を分解してにおいを抑えるという製品を使用することにした。じっさいに使いはじめて数か月経つと、消臭効果が出てきた。しかし、価格がトイレボールより数倍高い。なんとかやりくりをしながら使いつづけた。効果を検証しながら教育委員会への要望につなげていったところ、理解を示していただき、本校だけではなく全校に配備してくれることになった。このように、ひとつの実践がすべての学校へ広がることもあり、情報の発信と共有は欠かせないことが再認識できる。

まだまだあるが、あとひとつだけ、窓ガラス清掃の事例を紹介したい。窓ガラス掃除は一般的に、スプレーすると泡が出るクリーナーを使うことが多いだろう。しかし、あの製品にも合成洗剤特有のにおいがあり、界面活性剤が使われていて、それに反応する子どももいる。かく言うわたしも苦手だ。界面活性剤には脂と水をなじみやすくする性質があり、皮脂などの汚れを落としたり、泡立ちをよくしたりするための成分である。人によっては、皮膚への刺激があり、体内に入ると、分解されずに留まり、健康への悪影響が懸念される。そのため、クリーナーを使わず、濡らした新聞紙を使う場合もある。インクの油分でガラスがよく光るそうだが、インクの有機溶剤を塗りひろげていることとなり、これも避けるべきである。

結果、界面活性剤がふくまれていない石鹸（純石鹸）を水で溶かし、スプレーするという方法を試してみた。正直、素人目では効果に差はない。濡らして拭き、汚れを落とすという流れに変わりはない。年に一回程度、窓ガラス専門の業者清掃が入る自治体は多いだろう。だとすれば、子どもたちの清掃は安全なほうがよい。

ふだんの掃除では時間が足りずに、窓ガラスまで拭けないことが多いが、大掃除のときは「窓を拭きたい子どもで、窓拭き隊」を結成し、スプレー・拭きとり・乾拭きを三人体制で仕上げるようにした。そのようすを家庭向け事務室だよりで特集し、シックスクールのこととあわせて、子どもたちの活躍を書いてみたこともある。このように子どもたちを巻きこみ、いっしょに取り組むことで、「なんか窓拭き楽しいぞ」と子どもから子どもへ情報が広がり、「伝わってほしい安全性」も自然と知れわたる。家庭での取り組みにもつなげてもらえたら、言うことなしだ。

物品購入を担う事務職員の重責

問題物質をとり除けばそれでよい、というわけではない。どうしても油性ペンが必要なことはある。そのためにも、啓発が必要だ。

たとえば、教室の床で模造紙に油性ペンを使うと、裏写りしたり、床が汚れたりする。さらに油性ペンにはシックスクールの問題もあることを同時に伝えると、効果的に伝わる。校内で話題に上げていると、意識も高まってくるのだ。

わたしはまだ、家庭調査票や保健調査票で化学物質過敏症といった症状を訴えている家庭に出会ったことがない。おそらく、症状が特定されていないか、書くまでもないと思っているのかもしれない。しかし、化学物質過敏症は発症のギリギリまで症状がわからない場合がある。よくたとえられるのがコップの水で、コップに水を入れていき（体に化学物質が蓄積されていき）、表面張力が働いているときまでは水はこぼれない（体に影響は表れない）が、その限度を超えるといっきに水があふれる（いっきに症状が出る）というもの。そして、症状が出ると、なかなか改善されない。花粉症と同じようなものである。

このように、化学物質は知らないあいだに蓄積されていくことが怖い。そのためにも症状の有無だけで判断するのではなく、症例が報告されている物質などに気をつけて物品の選定をしていくことも、事務職員には求められている。

埼玉県教育委員会が発行したシックスクールの対応マニュアルにも、意識啓発の大切さが書かれている。職員会議などでシックスクールに関して教職員の意識啓発を図ること、学校だよりなどを通じ、保護者などに情報を提供すること、児童生徒の発達段階におうじた保健指導をおこなうこと、が挙げられている。

物品購入などを通じて、意識啓発は事務職員が担う必要がある。事務室だよりを通じた意識啓発もそのひとつと考えている。同じく、教職員間では油性ペンやトイレボール、ワックスなど一つひとつ検討していく過程で意識が啓発される。

また、研修も有効な機会だ。とくに初任者に対する研修では、教育費の内容と並んで時間をかけておこなっている。養護教諭の場合は保健指導を通じて学ぶ機会もあるが、一般教諭に関してはなかなか公的な研修が組まれない現状にあるからだ。

4 子どもの声を学校改善に生かす

生徒会の予算計画も学習に

生徒会活動に会計顧問としてかかわっていたことがある。生徒会役員の任期は半年で、選挙がおこなわれる。また、生徒会担当の教職員も、異動や校務分掌見直しのため入れ替わりがあり、数年は継続してかかわれないことも多い。そのため、会計顧問として事務職員が継続的にかかわることで、いままで引き継ぎが十分にできてこなかった部分をカバーできないかと提案し、担当に加えてもらった。学校財務を担っている事務職員として、生徒会費の内部事情も知っておくべきだと思ったということもある。ここでは、数年間の取り組みを紹介しよう。

生徒会の活動は、生徒総会に向けて活動計画と予算計画を立てるところからはじまる。予算計画の作成では、わたしがかかわるようになって、「いままでは言われるままに空欄を埋めていく作業だったけど、いまは自分たちで予算を考えられるということが楽しい」という感想も子どもたちから聞こえてくるようになった。本来は当然のことだが、話しあいのなかから予算計画をつくるような時間や環境の設定がなかなか難しかったのかもしれない。そのため、会計担当の仕事は、空欄に指示した数字を埋めていく作業が中心だったのだろう。活動計画に沿って予算計画づくりをしていくためにも、事務職員がかかわり、必要な知識を提供していくことで、仕事の幅を広げたり、活動と予算の関係を理解させたりすることができる。

生徒たちによる改善提案

予算計画の話をするとき、「生徒会費って、いくらだか知ってる?」と、子どもたちに問いかけることからはじめる。いままで正解が出たことはない。「一人○○円だから……」と計算式に当てはめていくと、約百万円という予算がみえてくる。こんな大金をあなたたちは扱うんだよ!などと言いながら、やる気に火をつけ、仕事のスケールをふくらませるのだ。

生徒会予算は、事務職員の目からみると、課題を感じることが多い。たとえば、繰越金が毎年増えていること。なるべく、自分たちでそのことに気づいてもらえるような工夫を凝らし、会議を進めた。

繰越金の問題とあわせて、新一年生から入会金をとっていることについて、「入会金、必要かな?」といった発言が子どもたちから出た。「廃止という方法もあるよね!」とアドバイスをすると、書記担当の子どもから、過去の総会記録によると、入会金の必要性については以前も質問がされているというナイスな発言が出てきた。そのときは検討できずに任期が終わってしまったのかもしれない。そこで今回は、総会の提案事項に入会金廃止案を載せることになった。理由は、生徒会費だけでも活動できるのに、入会金を集めていること、さらに繰越金が年々増加していることとした。

つぎに、「ふくれあがった繰越金はどうする？」という話しあいでは、保護者負担金軽減の観点から、わたしは会費の見直しを検討したいと言ってはみたが、子どもたちからは「学校改善費」として学校の施設設備を直すために使いたいという意見が出た（なかなか古い学校で、子どもたちも気になっていたんだろう）。

保護者が負担しているお金である生徒会費を、学校施設を修繕するために使うことは、法律に抵触するかもしれないという根本的な問題の説明を加えながら、なるべく子どもたちの意見を尊重してプランを立ててみることにした。その結果、「学校改善アンケート」という提案が生まれた。

ほかにも、生徒会費の約八割が部活動費に使われているのに、入部していない子どもがいる現状はどうなのか？　生徒手帳が他校とくらべて高額なことはどう思うか？　と投げかけた。「生徒手帳とは言うけど、身分が証明できればいいんだし、手帳じゃなくてカードで十分だと思わない？」と言ったら、ブーイングの嵐だった。子どもたちは、プライベートと学校の予定を分けているのだとか。生徒手帳は学校生活の思い出を綴るものらしく、子どもたちにとっては意外と重要な存在であることがわかった。それなら見積もりをとろうと提案してみたのだ。

生徒会のことなので、生徒会長名で相見積もりをとってみることを勧めた。その結果、現状の三分の一の価格の見積書が届き、子どもたちはたいへん驚いていた。わたしもそこまでとは思っていなかったので、子どもたちといっしょに驚いた。そこでよい機会だと思い、事務室でも、学校のお金を使うときは相見積もりをとって少しでも安くてよいものを買うようにしていることを話してみた。なかには、「『でんしょ鳩』[20]読んでるから知ってるよ!」という優等生もいた。うれしいかぎりである。

誘導尋問になってしまった懸念は残るが、最終的には、「入会金の廃止」「全員が参加している専門委員会への配当」「生徒手帳の価格と内容の見直し」「繰越金を学校改善費として使うこと」を提案することになった。何かを提案するときのワクワクドキドキ感を子どもたちにも味わってもらった。

生徒総会では、みごとすべての提案が承認された。けっして、無関心によるスルー的な可決ではない。しっかりと質問や意見も出たが、事前に準備していた回答により、納得してもらえた承認である。このことは、子どもたちのさらなる活動への自信につながっていくのではないかと感じ、わたしは体育館のうしろで小さなガッツポーズをつくった。

20 わたしが発行している事務室だよりのタイトルである。はじめて発行したのが鳩ヶ谷市という自治体の学校だったため、「鳩」をモチーフにしたかったのだ。鳩といったら伝書鳩。なんとなく前半の漢字を砕いてひらがなにした。職員向けも家庭向けも子ども向けも統一タイトルで発行している。のちに合併により鳩ヶ谷市は川口市に編入したが、鳩ヶ谷市の思い出を残したい……、と勝手なことで「でんしょ鳩」は継続中である。現物は一六二ページ参照。

アンケートは応答がいのち

「どうやってアンケートやろうか？　……うぅーむ」。生徒会室で検討がはじまる。

このアンケートの趣旨は、学校改善費をどのように使うか、意見を聞くというものだった。予算は約十五万円。さまざまな意見が出てきたら、当然、すべてに対応することはできない。しかし、予算の範囲内でアンケートを書いてもらうのも難しいだろう。

じつは、生徒会とは別に、事務室ではつねに、「子どもアンケート」[21]という企画をおこなっている。それと関連づけた提案にしてみようかと投げかけてみた。これなら学校予算の使い方にも子どもたちの声を反映できるし、それでも対応できないことは、教育委員会への要望につなげることができる。

当時の生徒会役員は、選挙の立会演説で「わたしたちの学校を、わたしたちみんなでつくる」「みんなの意見を聞いてよりよい学校にする」などという公約を掲げたりしていて、学校教育目標「よく考え、進んで学ぶ」という点にもつながったりすると考えた。

繰越金の使い方からはじまった企画が、学校全体に広がる子どもアンケートにつながったのだ。

アンケートの実施期間は一週間。まず、朝会で生徒会長から趣旨の説明をすることからはじめた。そして、生徒会が発行する「生徒会ニュース」という通信で内容を広めた。その期間内にアンケート用紙を子どもたちがつくり、わたしはチラシとポスターをつくって宣伝活動をした。

アンケートとチラシは、生徒会長が代議員会（各クラスの学級委員二人のうちどちらかがクラス代表として出席する会議）で趣旨を説明して配布した。わたしも代議員会に参加して、説明をしている会長の話をフォローする役回りを務めた。

アンケート期間は、それぞれのクラスで学級委員が中心になって呼びかけをしたり、担任が「わたしだったらこんなこと書くなー」という例を挙げながら、取り組んだクラスもあったそうだ。

一週間後。ふたたび代議員会を開いてアンケートを回収し、内容をすべて黒板に書き出した。何からとりかかろうかと話しあいながら、子どもたちといっしょに現場検証をおこなった。アンケートを読むだけでは内容の意図が伝わってこないものも多かったからだ。

たとえば、「卓球の球が落ちてしまいます」。どこから落ちるのか、何が問題なのか。頭で考えるより行動、現場検証だ。卓球部は体育館のロフトスペースでおもに活動していたが、卓球の球が通過しないくらい目が細かいネットが張ってあるはず。生徒会役員数人を連れて現場に行った。いちばん端の台で右角に向かってスマッシュすると、壁に当たって、ネットがないところに球が飛んでいった。細かい……、いや、しかしたしかによく落ちる。そのたびに、下にまで降りて拾いにいくのもたいへんだし、下で活動しているバスケットボール部やバレーボール部に踏まれて

21　子どもアンケートについては、本章の7の「子ども目線の学校改善に『ウォント・リペアカード』」を参照。

学校改善アンケートの告知ポスター

黒板に書いたアンケート結果

損失もある。「なるほど」と思い、そこにもネットを張ることにした。

また、「放送設備の買い替えをしてください」という切実な願いもあった。放送設備は、老朽化により故障と修繕をくりかえし、毎年、予算ヒアリングにも盛りこみ、教育委員会へ要望を出していた。学校としても最重要課題だったのだ。念のため、放送室へ確認にいくと、「そこ踏まないで！」と言われた。子どもたちのルールで、その場所を踏むと音が流れなくなるらしい。タイミングよく、その翌週に予算ヒアリングの日程が組まれていた。しかも、さらにタイミングよく生徒会ニュースが発行され、「放送設備が壊れているため、お昼の放送は廃止することになりました」という記事を発見。このニュースもヒアリング資料として持参。翌年の予算化は見送られたが、わたしの異動が決まったタイミングで買い替えも決まった。当時の子どもたちは卒業してしまったが、知らず知らずのうちに、後輩に大きなプレゼントを残したのだった。

このときもそうだが、以前も放送設備の買い替えを要望しつづけ、わたしの異動と同時に買い替えが決まった。なぜか、プレゼントを残して学校を去ることが多い。

ほかにも、「地震対策をしてほしい」という要望には、耐震工事の予定が入っていることを知らせ、「ベランダやトイレの鍵を直してほしい」「教室のドアの滑りをよくしてほしい」といった要望には、用務員といっしょに現地を調査して直し、対応した。「バレーの新しい支柱がほしい。手を挟みました」といった要望には、安全対策としてすぐに対応すべきだ。しかし、意外と高額なもので、学校の予算で購入すると一年分の備品費を使ってしまうことになる。こういったときは、教育委員会にお願いするしかない。放課後、部活動がおこなわれている時間帯をねらって現地調査に来てもらい、現場で要望を聞いてもらった。その結果、買ってもらえることになった。学校給食の要望も出てくる。「バイキング給食をしてほしい」という要望があったが、栄養士サイドからは、残菜の心配があるので安易に導入できないという回答だった。しかしすでに、年に三回、リクエスト給食という、子どもたちからのアンケートによる献立づくりをおこなったり、セレクト給食といって、リンゴジュースにするかオレンジジュースにするかセレクトできるようにしたりはしている。その回数を増やしたり、内容を検討したりするという回答をした。

当初の目的である繰越金の問題は、多少、解決した。使ってしまえばよいという問題ではないが、アンケートのなかに「生徒会が主催している『ボール貸し出し事業』のボールを買い替え、数を増やしてほしい」という要望があった。生徒会で検討した結果、学校改善費の一部をボール購入にあてることになった。

基本的に、生徒会活動も公費が原則であるという理念はあるが、アンケートの目的も繰越金解消にあったため、目的は達成につながった。まだまだ未解決の懸案もあったので、少しずつ世代が変わっていっても引き継いでもらえると、さらによい。

5 子どもの就学を保障する

日本で増えている子どもの貧困

日本人の多くがもつ「貧困」のイメージは、食べものにも事欠き衣服もボロボロ、というように、生きることさえ危うい状況というものだろう。そのイメージは「絶対的貧困」であり、たとえば、国際連合が発展途上国の貧困指標としてもちいる「一日一ドル未満の所得」や「一日の栄養摂取量が千五百キロカロリー未満」などの状態のことである。

いま、日本でも問題となっている子どもの貧困とは、「相対的貧困」であり、ある社会のなかで生活するために、その社会のほとんどの人が享受している、ふつうの習慣や行為をおこなうことができない状態のことをいう。

なかなか想像できないかもしれないが、二〇一四（平成二十六）年に厚生労働省が発表した「子どもの相対的貧困率[22]」は過去最悪の一六・三％となっている。この数値は年々悪化していて、約六人に一人の子どもが貧困状態で生活をしている。じっさいの人数で考えると、子ども（十八歳未満）の人数は二〇一四万六〇〇〇人、その一六・三％となると三二八万三七九八人ともなる。

さらに、おとなが一人で子どもがいる現役世帯（世帯主が十八歳以上六十五歳未満で、母子家庭や父子家庭など）の場合は、五四・六％という貧困率である。この数値は、世界的にみても最高位の割合となっている（ＯＥＣＤ加盟国で比較）。

二〇一〇（平成二十二）年、政府ははじめて日本の貧困率を公表し、子どもの貧困率は一四・二％だった。そして二〇一三（平成二十五）年、年々増加していく子どもの貧困に歯止めをかけるため、「子どもの貧困対策の推進に関する法律」がつくられた。その目的は、国の責任として、「子どもの将来がその生まれ育った環境によって左右されることのないように、教育の機会均等などを図り、子どもの貧困対策を総合的に推進する」ことにある。その後、子どもの貧困対策会議や検討会が設置され、同法の目的を達成するための具体的施策を明らかにした「子供の貧困対策に関する大綱」が閣議決定された。

大綱のなかの教育支援という項目では、学校を貧困対策のプラットフォームとして位置づけて総合的に対策を推進するとともに、教育費負担の軽減を図るとしている。学校現場には、子どもの貧困についての知識や理解を深めるとともに、学校を窓口に、関係諸機関（福祉事務所や児童相談所、ＮＰＯなど）と連携して、福祉的支援につなげるなど、教育の機会均等を保障するためのキャッチ＆フォローが求められている。

こういった現状のなかで事務職員ができることを考えていきたい。

制度を知る・伝える
就学援助と生活保護

まず、学校で勉強するために必要な費用を援助する制度として、就学援助がある。この制度は、学校教育法の第一九条「経済的理由によつて、就学困難と認められる学齢児童又は学齢生徒の保護者に対しては、市町村は、必要な援助を与えなければならない」という規定にもとづいて実施されている。

保護者の所得が一定水準に満たない場合は、学校給食費や学用品費、修学旅行費、入学準備費用などを自治体が援助している。国の基準として、援助項目や援助額の参考が示されているが、あくまでも自治体の制度であるため、上乗せがあったり、下回っていたりすることがある。しかし、多くの自治体はこの基準を採用している。

申請の窓口は学校か教育局となっている場合が多いが、じっさいの申請は学校に来る。認定までの一般的なフローは、保護者が学校から申請書をもらい、所得証明（課税・非課税証明書や源泉

22　世帯全員の等価世帯所得（「世帯内のすべての世帯員の合算所得」／「世帯人数の平方根」）が貧困線未満（等価可処分所得の「中央値の五〇％」を示すラインのこと）である家庭に属する人の割合を示した数値のこと。所得とは通常、可処分所得（税金や社会保険料を支払い、年金や生活保護、児童手当などの給付金を加えたあとの所得のこと）をいう。そして、子どもの貧困率とは、子ども全体のうち、貧困の世帯に属する子どもの割合となる。うーん、難しい。本書を読むだけなら、雰囲気をとらえてもらえれば問題ない。

徴収票など）を添付して提出すると、申請が完了する。そして、学校は校長を経由して教育局へ提出する。それを受けた教育局は、所得基準などに照らし合わせて認定の可否を判断し、学校経由で保護者に通知するのだ。毎年決まった時期に継続審査をする場合が多く、一度認定されても、卒業まで自動的に継続されることはない。

生活保護制度とは、生活保護法の第一条で「国が生活に困窮するすべての国民に対し、その困窮の程度に応じ、必要な保護を行」なうと定められ、同法の第一一条に書かれている八項目[23]について援助する制度である。教育に関しては、教育扶助という項目があり、学校給食費の全額や学用品費（鉛筆やノートを買う費用）、教材代として学校が指定するもののほぼ実費、教材代とは別に、学習支援費として、学習参考書など家庭学習のために支給、そして通学用品費などが援助される。また、特別基準として、学級費や生徒会費、ＰＴＡ会費の支給が可能である。一時扶助として、入学用品の購入代も補助される。実施機関は、就学援助制度と同様に各自治体である。

生活保護法の第三二条二項に、「教育扶助のための保護金品は、被保護者、その親権者若しくは未成年後見人又は被保護者の通学する学校の長に対して交付するものとする」と規定され、学校給食費などの教育扶助費は、保護者にかわって学校長も受領することができる。

援助が必要な人に伝わっていない

まず、就学援助制度の認定までのエピソードを紹介したい。

Aくんのお父さんが事務室を訪ねて来た。その手には事務室だよりを持っている。聞けば、就学援助制度の申請をしたいとのことだった。さらに話を聞くと、家庭の状況が変わったのは最近ではなかったが、当時は制度について知らなかったという。Aくんは入学したばかりの中学一年生。保護者は今回の事務室だよりを読んで、制度を知った。おそらく小学校でも、制度についての広報は多少はあったと思われるが、そのときに必要だと感じなければ、忘れてしまうことはしかたがない。そのため、定期的かつ継続的に周知させていくことが求められる。もう少し早ければ、いや入学前に伝われば、入学準備金の支給も可能だった。

小学校でも、中学校でも、新入学保護者説明会が開かれる。そのさい、学校給食費などを引き落とすための金融機関の手続きと同時に、就学援助制度の説明もかならずしている。Aくんのお父さんも出席していたのかどうかは調べればわかることだが、ひとり親家庭の場合、仕事を休めずに欠席することがめずらしくない。しかし、説明会の資料はかならず届けている。家庭で読む時間を十分に与えることはできないが、正確な情報をわかりやすく、かつ的確に伝える資料づ

23　「生活扶助」――生活保護の中心であり、飲食費や衣類などの費用や光熱費などの扶助。「教育扶助」――義務教育を受けるのに必要な扶助。「住宅扶助」――月々の地代や家賃の扶助。「医療扶助」――ケガや病気で治療を必要とするときに、診察などに必要な費用の扶助。医療券という現物が発行され、窓口支払いがなくなるというシステム。「出産扶助」――出産に必要な分娩料などの扶助。「生業扶助」――生業を営むのに必要な資金の扶助。高校就学費用も生業扶助の対象となる。「葬祭扶助」――葬式をおこなうときの、火葬や埋葬のために必要な費用の扶助。「介護扶助」――介護保険にともなう費用の扶助。

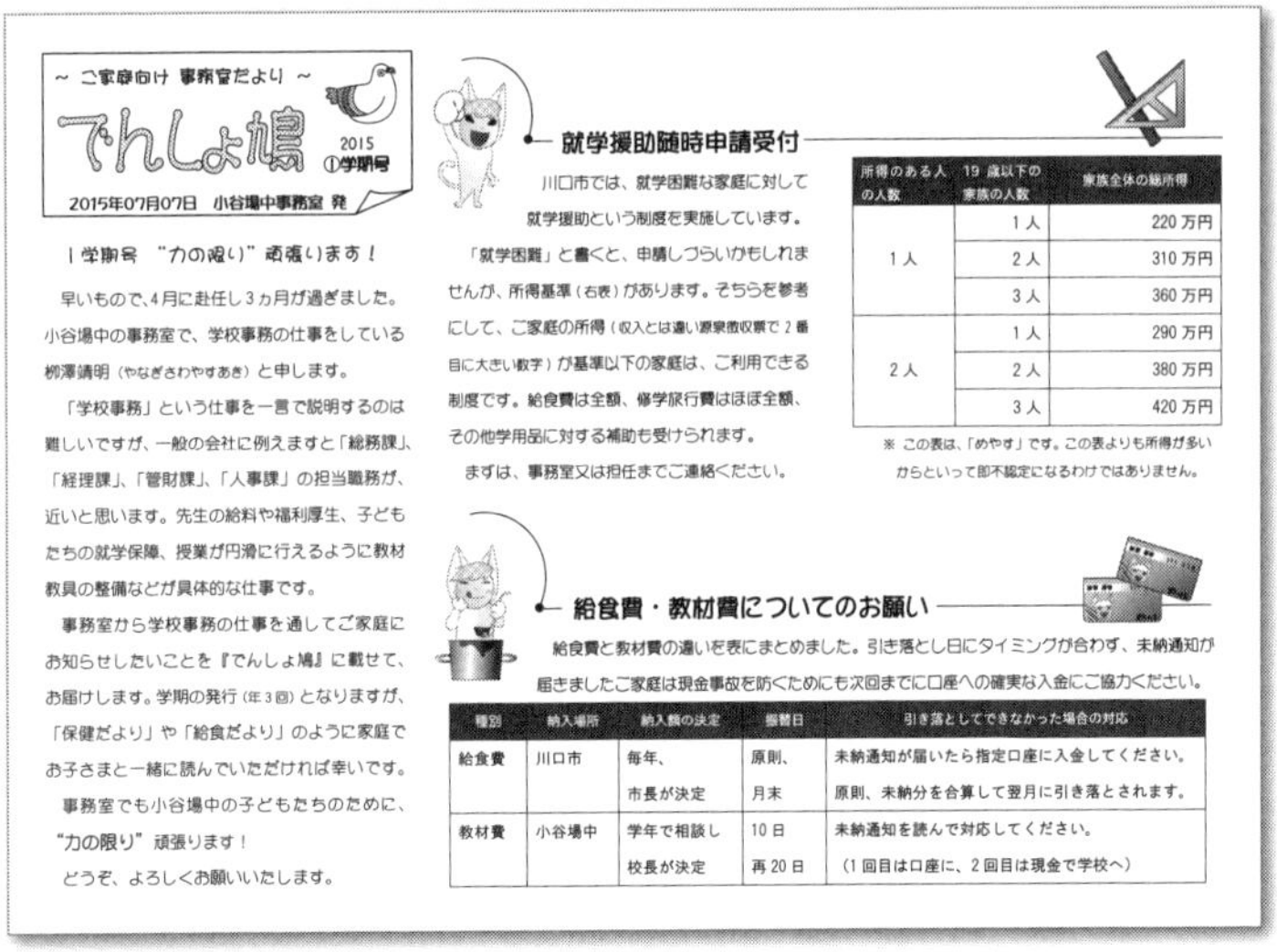

~ ご家庭向け 事務室だより ~

でんしょ鳩

2015 ①学期号

2015年07月07日 小谷場中事務室 発

1学期号 "力の限り" 頑張ります！

早いもので、4月に赴任し3ヵ月が過ぎました。小谷場中の事務室で、学校事務の仕事をしている柳澤靖明（やなぎさわやすあき）と申します。

「学校事務」という仕事を一言で説明するのは難しいですが、一般の会社に例えますと「総務課」、「経理課」、「管財課」、「人事課」の担当職務が、近いと思います。先生の給料や福利厚生、子どもたちの就学保障、授業が円滑に行えるように教材教具の整備などが具体的な仕事です。

事務室から学校事務の仕事を通してご家庭にお知らせしたいことを『でんしょ鳩』に載せて、お届けします。学期の発行（年3回）となりますが、「保健だより」や「給食だより」のように家庭でお子さまと一緒に読んでいただければ幸いです。

事務室でも小谷場中の子どもたちのために、"力の限り" 頑張ります！

どうぞ、よろしくお願いいたします。

就学援助随時申請受付

川口市では、就学困難な家庭に対して就学援助という制度を実施しています。

「就学困難」と書くと、申請しづらいかもしれませんが、所得基準（右表）があります。そちらを参考にして、ご家庭の所得（収入とは違い源泉徴収票で2番目に大きい数字）が基準以下の家庭は、ご利用できる制度です。給食費は全額、修学旅行費はほぼ全額、その他学用品に対する補助も受けられます。

まずは、事務室又は担任までご連絡ください。

所得のある人の人数	19歳以下の家族の人数	家族全体の総所得
1人	1人	220万円
	2人	310万円
	3人	360万円
2人	1人	290万円
	2人	380万円
	3人	420万円

※ この表は、「めやす」です。この表よりも所得が多いからといって即不認定になるわけではありません。

給食費・教材費についてのお願い

給食費と教材費の違いを表にまとめました。引き落とし日にタイミングが合わず、未納通知が届きましたご家庭は現金事故を防ぐためにも次回までに口座への確実な入金にご協力ください。

種別	納入場所	納入額の決定	振替日	引き落としてできなかった場合の対応
給食費	川口市	毎年、市長が決定	原則、月末	未納通知が届いたら指定口座に入金してください。原則、未納分を合算して翌月に引き落とされます。
教材費	小谷場中	学年で相談し校長が決定	10日 再20日	未納通知を読んで対応してください。（1回目は口座に、2回目は現金で学校へ）

事務室だよりの表面

備品購入しました

学校に年度当初、教育委員会より学校を運営するためのお金が配当されます。

事務室では、配当されたお金を有効に使い円滑に学校運営が進むような仕事も担当しています。

配当されたお金（現金が振り込まれるわけではなく、支払い自体は教育委員会を通して川口市が行います）の中に備品費という項目があります。

――今年度は以下のものを購入（予定）しました。

家庭科室に常設する大型液晶テレビ

家庭科室専用のテレビがなく、同じ階（管理棟2階）で共有していました。

美術室、「糸のこ」の台

「糸のこ」本体を専用台に設置して使うために購入しました。

社会科用「日本地方別地図」

地理の授業（2年生）で使用する、黒板に張れるタイプのマグネット地図です。

予算の関係で、日本列島すべては購入できず、今年度は北海道～中部地方までとなります。

理科室用の冷蔵庫

経年劣化、機能不十分のため、買い替えをします。

理科実験用「モノーコード」

1年生で音の性質について勉強する授業で使います。音の大きさや高さを調べる器具です。

そして、今年度の目玉備品は、

大判プリンター

以前の機械は、原稿をスキャンしながら感熱紙に打ち出す仕様でしたのでキレイという仕上がりではありませんでした。この新型はコンピュータと直接接続して出力することができるのでキレイに仕上がります。出力用紙のサイズは「A0」というA4の16倍の大きさになります。

先月の、あじさい祭りでは大活躍でしたね。［裏門の看板］や［バザー入口の旗］もこれで作成されています。

学割発行します

もうすぐ夏休みですね。JRなど「学割」が使用できる交通機関を利用して旅行などへ行く場合は学割を学校で発行できます。

学割についての「Q&A」を参考にして申し込んでください。

Q.どこへ旅行に行っても学割はもらえますか？

A. 片道が101km以上（鉄道線と航路含む）の場合。

Q.どのくらい安く買えるんですか？

A. 運賃が2割引（往復割引乗車券にも適用）。

Q.どこに行けば学割はもらえますか？

A. 事務室で発行できます（事前に発行願いを提出）。

Q.注意することはありますか？

A. 旅行当日は、生徒手帳を忘れないこと。

『でんしょ鳩』へのお問い合わせ等は、小谷場中事務室 柳澤までお願いします。
電話：048-267-1055

事務室だよりの裏面

くりは重要となる。

制度の「広報」や「案内書配布の有無」と受給率は、相関関係にあるという調査結果[24]がある。教えてもらえなければ、情報を得ることができる可能性はきわめて低くなる。それは、当然の結果かもしれない。こういった制度は自助努力で探し出すのは困難だ。しかし、知っている人だけが得をするという制度ではなく、必要としているところに必要な制度が確実に周知され、日本国憲法が保障している、ひとしく教育を受ける権利（もう覚えただろう、第二六条である）の実現には、利用されなくてはならない制度である。

違う事例で見ていこう。こんどは、Bさんのお母さんが事務室に来た。「PTA役員をやっている自分が就学援助を申請するのって、なんとなく気が引けるんだけど……」という相談だった。同じくPTA役員をやっていた、かつての話をしてくれた。

ある会議で、地域の方が「就学援助を受けている人が多いって聞いたけど、どれくらいいるんだ？」と校長に質問し、校長が答えると、「そんなにいるの？　どうしたもんだかね……」と怪訝な顔をしていたことが忘れられなかったという。その結果、申請を躊躇していたらしい。Bさんのお母さんは、そのころから制度への引け目を感じていたらしい。そんななか、事務室だよりを読んで、相談にだけでも行ってみようと思ったという。きっかけをつくるという意味でも、

24　湯田伸一『知られざる就学援助――驚愕の市区町村格差』（学事出版、二〇〇九年）一〇三～一〇六頁

事務室だよりの効果は意外と高いのだ。この制度はもちろん、そういった引け目を感じるものではなく、ましてや役員をやっていることなどまったく問題ないことを話し、その場で手続きをして、翌日には認定された。

少し難しい話になるが、生活保護との関係についても考えたい。生活保護法の第六条によれば、「現に保護を受けているといないとにかかわらず、保護を必要とする状態にある者」を要保護者といい、「現に保護を受けている者」は被保護者という。そして、要保護者のなかで、じっさいに保護を受けている者の割合を表す統計を「捕捉率」というが、日本は諸外国にくらべると、捕捉率が極端に低いといわれている。ようするに、保護が必要な家庭は多いが、周知不足なのか、保護を受けている家庭は少ない。そこに大きな乖離があるといわれている。

就学援助に置き換えても同様である。この結果から推測すると、就学援助を必要とする家庭がすべて認定されているとは思えない。捕捉率は一〇〇%ではないだろう。

ニーズを察知してアウトリーチする

捕捉率を上げるためには、アウトリーチ（申請を待っているだけではなく、必要と思われる家庭に情報などの手を差しのべること）が重要となる。

たとえば、保護者から勤務先が変わったという連絡があった。その後、学校給食費などの引き落としができない状態が続くときなど、「もしかしたら」という感覚を見過ごさないことが大切であると考えている。

転職したため忙しくて入金に行けないだけ、というとりこし苦労であったり、お節介と言われたりすることもあるかもしれない。そこは自然の流れから話題をもっていけるように、担任から連絡をしてもらうことが多い。いきなり事務職員から、「転職したことでお給料減りましたか？未納が続くようなら援助受けませんか？」と連絡を入れてもよいのだが、初動としてはほかのアプローチのほうがいいだろう。

しかし、「子どもの貧困対策の推進に関する法律」の具体的な実行策である「子供の貧困対策に関する大綱」には、学校を貧困対策のプラットフォームとして位置づけて、総合的に対策を推進するという内容が組みこまれていることは、すでに述べたとおりだ。保護者の転職や失業により所得低下が見込まれる家庭をどのように支援していくのか考えるのも、プラットフォームの役目である。そこは担任とうまく連携をとっておこなうべきだと考える。

転職や失業という情報は、勤務先が変わったという連絡を担任が受けるか、急に未納が続く場合などに電話連絡のなかで事務職員がキャッチする可能性が高い。どちらがさきに情報をキャッチしたとしても、すぐに共有することが大切であり、担任としてできることと事務職員としてできることを相談し、その家庭へのバックアップ体制をつくっている。

こうした場合、プラットフォームとしての学校が最初に取り組むべき手だては、就学援助制度につなげることである。それにより、学校給食費をはじめとする学校にかかるお金の支払いを軽減させることができるからだ。さらに、担任も情報を共有することで、教材などの保護者負担経費の削減や学習方法改善の検討につなげられる可能性も出てくる。

また、生活保護に該当するだろうという場合には、福祉事務所やケースワーカー、自治体の生活保護や子育て支援を所管している行政機関へつなげることも求められている。このような対応は迅速に動くことが第一であり、日ごろから連携を意識して仕事をしていくことで、いざというときにスムースな対応がとれる。

家庭の事情にどこまで介入していくかという問題は、たいへん難しい。担任が、子どもとの会話から両親の別居を知ることもある。正式に連絡をもらえれば、いま述べたような体制で臨めるのだが、すべてがそういうパターンではない。たとえば、両親の別居により母親と暮らすことになった子どもの場合は、離婚という手続きを踏めば、行政が児童扶養手当や就学援助制度につなげてくれる。しかし、住民票から父親が抜けただけの段階では、各種制度の進言は難しいだろう。もちろん、母親だけでも十分な所得があり、経済面では問題がない場合もあるが、さきにふれた統計からも、母子世帯が貧困状態に陥る可能性は半数を超えている。

そういった場合には、事務職員からのアウトリーチが効果的になる。ふだんから情報発信を欠かさないことで定着する情報もある。家庭向けの事務室だよりには、就学保障制度の内容は欠かさない。また、学校給食費などに未納が生じるようになったときなどは、電話でのアプローチをすることもできる。連絡をくりかえしていくうちに関係が深まり、「じつは、転職により給料が大幅に減ってね……」というような実情を話してくれることもあった。

申請には、低収入、もしくは無収入の証明が必要なので、税金の申告なども必要となる。仕事をしていれば、源泉徴収票の提示で十分だが、そうでない保護者の場合は、自分で手続きをする必要があるのだ。それが外国人だと、さらに難儀だ。だが、教育局と保護者のあいだに事務職員が入って、おたがいの状況を把握しながら歯車になることで、解決することは多い。携帯電話で連絡をとりあいながら、税金の申請から就学援助の申請まで誘導したこともある。

就学援助の申請手続きでは、大きい学校でも小さい学校でも、毎年、特殊事例と呼ばれる、マニュアルだけでは対応できないことに遭遇する。それが、こういったケースワークによって解決し、認定通知が届くときはうれしい。さらに、認定を受けた子が元気に登校してくる姿を見かけると、安心する。

25 両親が離婚するなどしてひとり親家庭となった子どものために、自治体から支給される手当のこと。所得や子どもの人数によって手当の額は変動する。二〇一〇（平成二十二）年より父子家庭にも支給の対象が広がった。以前は母子家庭のみであった。名称が似ているが、児童手当法にもとづく児童手当とは別物であり、併給が可能。

バッシングはこわくない　知識は認識を変える

子どもの貧困や就学援助制度という知識が培われていくと、それらに対する認識が変わってくる。生活保護の不正受給に対するバッシングと重なる部分もあるが、正しい知識ではなく、個人的な感覚や納税者意識による世論の後押しを受けてなされるバッシングに、疑問を感じることは少なくない。不正受給を擁護するわけではもちろんないが、必要以上のバッシングにより、真に就学援助を必要としている家庭が厳しい状態に追いこまれていることも確かだ。

　校内でバッシングがあるわけではないが、アウトリーチに関しては認識が弱い。たとえば、文部科学省の通知では、「保護者の申請の有無にかかわらず、真に就学援助を必要とする者については援助を行う必要がある」[26]といったような見解もあり、じっさいに、校長が保護者にかわって申請をすることができるという要綱を定めている自治体もある。

　また、教職員のなかにも、就学援助に対してマイナスイメージをもっている人がいた。しかし、再三の啓発に加え、研修なども重ねていくうちに、少しずつ就学援助に対するマイナスイメージがなくなってきたと感じた。制度に対する認識も変わりはじめた。制度のお知らせを全員に配布したときには、ある担任が、日々の子どものようすにみえる家庭の状況から申請の必要を感じ、家庭に連絡して申請をしてもらったという事例もあった。「いまはたいへんなんだから税金で助けてもらって、また安定したら税金払って返せばいいんだよね」という担任の言葉が印象的だった。知識は認識を変えるのだ。

奨学金制度の周知で卒業する子たちをバックアップ

中学校では、高校進学などにさいして、奨学金申請の手続きまでをおこなう。代表的な奨学金に、国の事業としての、独立行政法人日本学生支援機構（旧日本育英会）による奨学金事業がある。自治体、公益法人などによる奨学金事業もおこなわれており、多様な事業主体による多様な奨学金事業が展開されている。

日本学生支援機構は、二〇〇三（平成十五）年に公布された「独立行政法人日本学生支援機構法」にもとづき、それまで国や日本育英会、財団法人国際学友会などが実施してきた各種支援策を総合的に実施する独立行政法人として、二〇〇四（平成十六）年に設立された。日本学生支援機構の奨学金貸与事業は、旧日本育英会の事業を引き継ぎながら、新制度も導入している。

ここで問題なのは、「学生」支援となり、高校生が対象からはずれたことだ。しかし、なくな

26　文部省「貧困児童、生徒の就学援助は、申請の有無によらず行うべきである」（一九六六年八月十六日）や、文部科学省「経済的に就学困難な学齢児童生徒に対する就学援助の実施について」（二〇〇九年三月十一日）などがある。前者の文部省通知は、巻末で紹介する就学援助制度を考える会『就学援助制度がよくわかる本』（学事出版、二〇〇九年）一七頁に現物が掲載されている。

ったわけではなく、高校生を対象とする事業は、二〇〇五（平成十七）年度入学者から都道府県に事業移管され、日本学生支援機構から各都道府県に対して、高等学校等奨学金事業交付金が措置されるようになったのだ。

イメージしやすいよう、埼玉県の奨学金や各種支援事業について少し紹介しておこう。

「埼玉県高等学校等奨学金」というのが一般的な奨学金である。毎年十月ごろ、「埼玉県高等学校等奨学金申請のしおり（中学校三年生用）」というパンフレットが学校に送られてくる。いろいろ書いてあるが、保護者の所得制限はあるが連帯保証人は必要なく、学力は問わないということ、高校を卒業して四年六か月後[27]から返済してほしいという条件が書かれている。

公立の場合は月額上限が二万五〇〇〇円で、私立の場合は四万円である。最高限度額で三年間奨学金を受けると、一四四万円にもなる。社会人になって半年後から一〇〇万円を超える借金を背負って働かなくてはならない制度、とも考えられる。

こういった奨学金制度を貸与型と呼び、返済の必要がない奨学金制度を給付型と呼ぶ。日本は奨学金制度に関して進んでいるとはいえず[28]、諸外国では給付型の奨学金制度も多くある。

ほかには「埼玉県私立高等学校等父母負担軽減事業補助制度」がある。県内の私立高校などに通学する子どもの経済的負担を軽減するため、授業料などの補助をおこなっている。二〇一〇（平成二十二）年度から、私立高等学校生などを対象として、国から「就学支援金」が支給されるようになった。また、一定の要件を満たす人に対し、上乗せするかたちで、埼玉県が補助をおこなっている。埼玉県では、全日制高校の場合、全国トップクラスの補助をおこなっているそうだ。[29]
また、市区町村の奨学金制度もある。埼玉県川口市の場合も埼玉県と同様に、所得制限があるが、本人への貸与としての奨学金制度がある。

就学援助制度や生活保護制度による援助金や扶助金は給付型だが、奨学金制度は基本的に貸与型となる。しかし、少しでもお金の心配をせず学校に通うことができるようにするための制度だ。事務職員に受験勉強のバックアップはなかなか難しいが、こういった制度の周知をとおして高校生活のバックアップはできる。義務教育を卒業する子どもたちがつぎのステップのスタートラインに立つために、事務職員としてできることはあるのだ。

近隣の学校では、奨学金の手続きを、進路指導主事と呼ばれる第三学年の教職員が進路指導とあわせておこなうことが多い。なぜ就学援助や生活保護を担当している事務職員ではないのか、よくわからないが、そういう実態になっている。

奨学金を必要としている家庭は、就学援助や生活保護を利用していることが多い。いや、ほぼそのなかから申請がある。そのため、窓口が進路担当であったとしても、事務職員のバックアッ

27 高校を卒業して四年後に大学を卒業する計算である。就職して少し落ち着いた半年ごろから返済をしてほしいという理由だろう。
28 埼玉県では、保護者全員の市町村民税所得割額が非課税（0円）または生活保護世帯であることなどを条件に、給付型の奨学金制度もある。
29 埼玉県のWebサイト「私立学校の父母負担軽減事業について」

プは必要不可欠だろう。

わたしは、奨学金制度について事務室だよりで周知していることもあり、窓口のひとつとして相談を受けている。電話での問い合わせは事務室に回ってくることがほとんどだ。就学援助や生活保護を利用している保護者とはお金の話をよくするので、担任より話しやすいのかもしれない。保護者によっては、三者面談などで志望校の相談を担任として、帰りがけに事務室で資金面の相談をすることもある。

6 教職員の労働環境を考える

教職員も労働基準法で守られている

第1章でふれた「国際教員指導環境調査（TALIS）」からもわかるように、日本の教員は勤務時間が長い。もちろん、正規の勤務時間が労働基準法に違反しているわけではなく、一般的に時間外と呼ばれる時間が長いのだ。民間企業とくらべて、突出している。おそらく、民間企業で教員を超える時間、労働している社員は多いだろう。しかし、平均で計算した場合は、教員が長くなるのだと思う。

いままで勤務してきた学校で百人を超える教員と仕事をしてきたが、かならず定時に帰っていたという人は、一人か二人程度であった。それに対しては、よいとも悪いとも言わない。教員の立場からしたら、授業が六時間組まれていて放課後に会議が入ったら、授業の準備も、学級・学年事務や校務分掌の仕事も、時間外におこなうしかないと言われるのが目に見えているからだ。

では、何が問題なのか。民間と違い、時間外労働の対価として残業代が出ないことである。いや、出ないという表現は正しくない。「教育公務員特例法」という法律の適用を受ける教員は、時間外勤務に制限があり、特別な事情がある場合をのぞいて残業を命じられることはない（校長は命じることができない）のだ。それが基本である。そして、勤務態様の特殊性から、厳格な時間管理を前提とした超過勤務手当を支給することがなじまないとして、「公立の義務教育諸学校等の教育職員の給与等に関する特別措置法」という法律により、教職調整額として給料月額の四%を支給することと引き換えに、時間外手当は支給されないことになっている。つまり、月額の四%はもらえるのだ。

もちろん、四%すらもらえないで残業をしている民間企業の人もいるのかもしれない。教員の場合は、四%が適正かどうかという問題もあるが、無定量労働的な感覚が現場にあることが怖い。問題なのは、服務監督者としての教育委員会が残業を強いているわけではかならずしもなく、現場から湧いているという認識があることだ。そういう文化ができてしまっていることに問題を感じる。

以前、教育実習生への研修をおこなったときに「教員の労働時間って、何時間だと思う？」と聞いてみたことがある。もちろん、ふざけて聞いたのだが、返ってきた答えは「十二時間くらいですか」だった。「そうそう、本校の勤務時間は七時から十九時までです。七から七だから、わかりやすいでしょ」と返したら、「そうですね！」と返されてしまった。正しい答えを言うタイミングを逃してしまうほど、本人にとっては真剣な回答だった。

教員は労働基準法の適用外だと思っている人は多い。一部除外があるだけで、基本は労働基準法が適用される。そういった法的解釈ではなく、実態的解釈という意味では正解だ。教員の大多数が「七から七」勤務である。

あえて書くこともないと思うが、労働基準法では、休憩時間をのぞき、一週間について四〇時間、一日八時間を超えて、労働させてはならないと定められている。教員は地方公務員なので、「地方公務員法」や「地方教育行政の組織及び運営に関する法律」により、都道府県条例が労働時間を定めることになっている。埼玉県の条例では、「学校職員の勤務時間は、休憩時間を除き四週間を超えない範囲につき一週間当たり三八時間四五分」と規定されている。整理すると、（〈三八時間＝二二八〇分〉＋四五分＝二三二五分）÷六〇分＝七・七五時間（七時間四五分）が勤務時間となる。そのため、本校の勤務時間は八時二十分〜十六時五十分（八時間三〇分）だが、そのうち四五分間は休憩時間となっている。

もちろん、事務職員も同じだ。しかし、事務職員には「教育公務員特例法」や「公立の義務教育諸学校等の教育職員の給与等に関する特別措置法」が適用されないため、時間外勤務を命じることができ、実績によって時間外手当が支給される。

分業・協働で負担軽減するために

授業や生徒指導を本務、そのほかの仕事を本務以外と定義している教員は多い。「授業はWork（仕事）であり、それ以外はLabor（労働）」という割り切り方をしている教員もいた。諸外国では、教員が授業に専念できるだけのスタッフが配置されている。しかし、日本の場合はいまだそういった環境にはなく、授業をはじめとして、生徒指導から生活指導、さらには食事のマナーまで、幅広い教授活動が求められている。帰りが遅い両親は、学校で子どもを育ててもらっているという錯覚にまで陥るかもしれない。保育園の延長とまでは言わないが、近いものを感じている。

たとえば会計事務をとおして、教員と事務職員との分業を考えてみる。

小学校の場合は、学級会計も学級事務に分類され、学級担任がおこなうのが通例であり、そこまでできて一人前の学級担任、という暗黙のコンセンサスがあるように感じる。しかし、授業以外は事務職員が担当するべきと言われると、事務職員がパンクしてしまう可能性もある。個人的には、やってみなきゃわからないし、やれるかもしれないとは思っているが、安易な発言はできないので小声で言っておく。

事務職員の職務内容が平準化されていないという理由もあるが、事務職員に任せられるのか、という教員側の意見もあるだろう。もちろん人数の問題もある。多くの学校では、単数配置の状況でどこまで担えるのかという限界があるため、おたがいに助けあっていくことが、現状でとりうる最善の策だろう。

事務処理の軽減もさることながら、会計事務は、購入教材の選定なども事務職員と教員とがおたがいの専門分野で意見を出しあいながら協働することにより、効率的・効果的な執行に結びつくと考える。

そして、あるていどの分業も必要だ。入出金事務は事務職員を主担当とし、教員を副担当にする。事務職員はたくさんの集金事務を担っていることが多く、学級費に関してもシステムの項目を増やすなどの対応ですむため、過重な負担とはならずに実現できるだろう。支払いに関しても、授業をしている担任が時間を指定しておこなうよりスムースにでき、業者の負担も軽減される。教員を、未納の回収や連絡調整をおもに担うサブ的な立場とすることで、事務負担の軽減も図ることができるだろう。

一方、教材選定に関しては、教員が主担当、事務職員が副担当となることで、授業者が求める教材を購入するための見積もり依頼などの事務的な部分に、事務職員が補佐としてかかわることができるのだ。

このように、協働できる部分は協働し、分業すべき部分は分業していくことで、サポート体制がつくれる。教員がおこなっている事務を事務職員がおこなえば、教員が子どもに向きあう時間が増えるという論理があるが、はたしてそうだろうか。第1章で述べたように、教員にしかできない事務はあるし、教員がおこなうほうが適切な事務もある。逆も然りだ。そういった意味で、押しつけあいのような理論ではなく、協働的理論で解決していくべきだろう。

もちろん例外もある。すべての管理職が、こういった分業や協働という方法をマネジメントできるわけではない。本来なら、個々のスキルを把握し、適材適所で組織をマネジメントしていくことが管理職には必要だろうが、教員組織以外の他職種をふくめたマネジメントに至らないことが多い。

そのため、事務職員からの提案が多くなる。それはそれでよいのだが、それぞれの個性が強く出て、属人的な組織となりすぎる懸念もある。毎年の人事異動を考えると、組織論として分業や協働に取り組んでいくべきだろう。事務職員が変わるたびに学校事務の担当領域が大幅に変わるようでは、公教育機関としてどうなのか、疑問が残る。

「おとなアンケート」で安全・快適な職場に

「労働安全衛生法」という法律がある。第1条に掲げられている目的には、「職場における労働者の安全と健康を確保するとともに、快適な職場環境の形成を促進する」と書かれている。二〇〇六（平成十八）年、同法の改正にともない、「学校教育の場でも労働安全衛生法を徹底すべき」という付帯決議が加えられた。それにより、学校現場での取り組み事例や概説などが文部科学省より通知され、二〇一二（平成二十四）年には「学校における労働安全衛生管理体制の整備のために」というパンフレットがつくられ、二〇一五（平成二十七）年に改訂版が出された。

そして、衛生推進者[30]を中心に、労働安全衛生委員会（以下、「衛生委員会」とする）という校内組織を通じた取り組みがなされている。埼玉県川口市では、各学校の衛生委員会とは別に、川口市の教職員全体（七十八校、二四八七人[31]）を対象とした統括労働安全衛生委員会を組織している。教育局のメンバーと小・中校長会、現場の教職員から、代表六名で組織している。現在、わたしも教職員代表の一人として活動しており、現場で衛生委員会のメンバーに入っていたこともある。

現場では、４「子どもの声を学校改善に生かす」で書いたような子どもアンケートならぬ「おとなアンケート」を実施したことがある。年休は取得しやすい環境か、職員室などの環境に不満はないか、パワハラやセクハラを受けたことはないか、などというアンケートだ。そのなかの職員室などの環境については、事務職員の仕事でもある。

アンケートでは、ポットを買いかえてほしいという要望や、更衣室のカーテンが寸足らずだ、エアコンの清掃が必要ではないか、という声が届いた。学校で改善できること、教育委員会へ要望が必要なことなどの検討を衛生委員会でおこなった。

こちらも現場検証からはじまる。ポットは水垢がひどく、すぐに買いかえた。カーテンは継ぎ足すのか、買いなおすのかを検討することにした。エアコンの清掃はとりあえず、大掃除のときにわたしがフィルターを洗ってみた。——というように、要望を出すと改善される（かもしれない）という意識を教職員に植えつけることで、さらなる要望が出てくるのだ。「言ったのにやってくれない」では、思っていても言うだけ無駄となってしまう。

カーテンは年度末に予算を組んで新規購入した。それと同時に、更衣室の大掃除をみんなでおこない、休憩室としても使える状態にした。余談だか、学校には休憩室と呼ばれる部屋がないことが多い。学校に休憩という概念があまりないのは、休憩室がないからなのかもしれない。

教職員は、休まず働く。ふだん事務室で仕事をしていて、休憩時間だからといって事務室で漫画を読んでいたらどうだろうか。あきらかにおかしな絵である。体調がすぐれないときなどは保健室で休むことはあるが、当然、子どもが優先である。休憩室の整備も重要な案件である。そのため、更衣室にソファーを置いたり、畳を敷いたりして、休憩室として活用している学校もある。そうなると、事務職員の仕事にもつながってくる。子どもの学習環境整備とあわせておとなの労働環境整備も、見すごせない重要な仕事だ。

30 職場を巡回し、空調設備などの施設・設備、温度・採光などの環境衛生、教職員の勤務実態などを点検し、問題があるときは、所要の措置を講ずる、といった専任担当者である。衛生推進者養成のための講座があり、わたしも受講し修了した。五十人以上の職場では「衛生管理者」が必要となり、衛生管理者免許を取得している者から選任する。

31 川口市教育委員会「教育要覧 平成二十七年度」（平成二十七年八月）

エアコンの掃除については、計画的におこなうことに意味があるため、クリーニング費用の予算化を教育委員会へ要望した。その結果、年に一度は専門業者が入り、クリーニングをしてもらうようになった。要望すれば、望みは叶う！　このような意識になってもらえると、教材の購入希望や施設設備の改善要望などが出やすい環境になり、結果的に、労働環境も、教育環境も向上していく。

休暇制度は周知がポイント あるのに使われていない

休暇とは、本来勤務するべき時間において、有給（給与を減額、削減されない）で休むことができることである。念のために言っておくが、子どもの夏休み中は休暇ではない。子どもたちが学校に来なくても、教職員には仕事がある。土曜日に半日授業があった時代は、その日に半日出勤したぶんを休める「指定休」と呼ばれる休暇があった。その休暇を夏休み中にまとめて取得していたため、「先生も夏休み」という感覚があるのだろう。もう一度言っておく。夏休み中も勤務日であり、休暇ではない。

教職員の休暇制度は、法律により条例で定められている。たとえば、年次休暇。一般的に「有休」と呼ばれる休暇であり、基本的にはいつでも取得可能。埼玉県ではほかに、病気休暇（けがや病気のため療養する必要がある場合の休暇で、九十日の範囲内で認められる）や、子育て休暇（義務教育終了前の子どもを養育する場合、一年に七日の範囲内で認められる。事由は、子のけがや病気の看護、健康診断または予防接種を受けさせるさいの通院のつきそい、各種学校行事に参加する場合）などがある。また、夏季休暇は五日、結婚休暇は七日と定められている。ドナー休暇や献血休暇というのもあるが、事例に出会ったことはない。

有給の休暇ではなく、無給の休業もある。ポピュラーなものでは育児休業だ。経験上、育児休業とかかわらなかった年はない。今年も一人、育児休業に入っている。かくいうわたし自身も二度経験した。男性の育児休業取得も、公務員をはじめとして、大企業などから広がりはじめている。一九九六（平成八）年で〇・一二％、二〇〇七（平成十九）年で一％台に乗り、二〇一一（平成二十三）年に二・六三％を記録した。割合的には数％だが、事例がないよりはよい。

休暇に関しては、民間企業の大半より、公務員は取得しやすい職場だろう。休暇制度などを熟知して職場で活用してもらうことも、事務職員の仕事の範疇である。認めるのは管理職かもしれないが、情報を与えることは必要である。制度を知らなくては、そもそも取得することもできないのだ。

7 校内外の協力を集める結節点になる

教員は電話に出られない
渉外業務は事務職・管理職で

教員の多くは名刺を持っていない。とくに小学校では、名刺交換をしたことがない教員は多いだろう。中学校だと、進路の関係で高校の教員と名刺交換をする機会がたまにある。外部の人間とはじめてあいさつを交わすときは、自分を知ってもらうためにも名刺交換をするべきだ。

もしかしたら、瞬時に相手の顔と名前を覚えられるから、名刺交換など必要ないのかもしれない。クラスの子どもの名前も瞬時に覚えてしまい、卒業生の顔と名前まで忘れないというすばらしい特技があるのだから。いや、でも名刺交換はしたほうがよい。最近では、教員の初任者研修でも名刺交換の仕方を教えているらしい。

何が言いたいかというと、渉外業務は事務職員のほうが適任なのではないかということだ。教員にくらべ、名刺を持っている事務職員は多い。——そういう話ではなく、二〇〇四（平成十六）年の中教審答申で、「事務職員はより効果的、効率的に事務処理を図り、事務執行や渉外などにおいて学校経営の専門スタッフとして中心的な役割が期待され」た。事務処理業務以外に、渉外業務に期待がもたれたのだ。事務職員は受付業務を担うことが多く、外部からの窓口となっている。しかし、渉外業務では、学校からのアプローチによる連絡調整が基本となる。

現在、「コミュニティ・スクール」や「学校評議員制度」、「学校支援地域本部」といった、地域住民と学校などが一体となって教育に向きあう制度や、「小・中連携」をはじめとする学校と学校をつなぐ取り組みがおこなわれている。

前者のような人を集める会議では、周知・招集のために手紙を配布したり、出欠の対応をしたりする必要がある。また、後者の場合では、中学校の教員が小学校で授業をするというようなゲストティーチングなどをおこなうときに、おたがいの時間割調整や授業内容、教材準備などの打ち合わせも必要となる。

たとえば、事務職員が、中学校区を単位とした小・中連携の事務局となっている事例がある。中学校から小学校への出前授業や、小学校から中学校への学校訪問などの企画・調整の渉外業務を担当している。また、合同の学校行事（あいさつ運動や避難訓練）などの企画・調整という渉外をおこなっている実践もある。

校内の実践では、学校ボランティアを束ねるコーディネーターとの調整を事務職員が担っているという事例がある。とくに小学校では、家庭科の授業で、調理実習やミシン作業の補助としてボランティアが入ることもあり、指導計画とボランティア受け入れ計画との調整ができるだろう。そういった窓口には、授業を担当していない事務職員のほうがフットワークも軽く、対応もスムースにできるだろう。「〇〇は授業中で、放課後まで連絡はとれません」という対応では、先方にも迷惑がかかるし、タイムリーな打ち合わせもできず、印象も悪くなる。

教頭が渉外を担っているパターンは多い。しかし、教頭の仕事には法令上、校務を整理することもあるが、子どもの教育を司ることもある。教頭は事務職員ではない。忙しすぎて割にあわないという理由で、教頭のなり手が減っているという自治体があるくらいだ。教員の多忙化問題とあわせて、教頭の多忙化解消も課題にあげられることが多い。

校内での調整を事務職員がおこなうことで、先方にあわせた時間と場所で打ち合わせをすることもでき、渉外業務自体にもゆとりが生まれると考える。

学校と外部機関をつなぐ

事務職員は教員以上に、外部機関と連携して仕事をすることがある。子どもや保護者に関していえば、生活保護や就学援助制度については福祉事務所やケースワーカーと、税金の申告などのかかわりでは納税課や市民課と、転出入の場面ではＤＶ避難などの対応で子育て支援課や児童相談所と、学校徴収金業務では金融機関との関係もある。また、教職員に関しても、給与関係を所管している部署、税金関係なら税務署などとのやりとりもある。

それもそのはず、いままで述べてきたとおり、事務職員が担当する仕事の範囲は広いのだ。そのぶん、ひとりではできないことを校内外と連携し、仕事を進めることがある。

「子どもの貧困対策に関する法律」の制定により、セーフティーネットとしての学校、子どもの貧困対策のプラットフォームとしての学校が求められていることはすでに述べた。そのなかで、生活保護や就学援助制度につなげるための校内窓口は、事務職員が適任だろう。就学援助制度についていえば、申請に必要な書類を整備していく段階で、どうしても型にはまらない事例も出てくる。5「子どもの就学を保障する」でふれた特殊事例だ。

たとえば、税金の申告をしていないパターン。その場合は、保護者に税金の申告をお願いしなくてはならない。しかし、「税金の申告をお願いします」と伝えて、全員が全員、応じられるわけではない。できるのならすでにしている、という人も多いだろう。そのため、納税窓口となっている役場の担当課を紹介したり、事前に連絡をして状況を伝えたりすることもある。また、住民票上の世帯とじっさいの世帯が一致していなかったり、構成員に違いがあったりする場合もあり、市民課との調整も必要となる。

とくに、外国人の問題は特例中の特例が多く、連携が必要だ。難民支援NPOの担当者と連携して、就学援助の認定申請やランドセルの給付をしたこともある。

また、文化の違いによる感覚のずれを調整することもたいへんだ。たとえば、保護者から、「用事があって、わたしは入学式には来られない」と平然と言われたこともあった（最終的には、予定を調整して来てもらった。調整できるていどの予定だったのだ。日本人には、なかなか理解に苦しむ話だろう)。

文化の違いにからむ問題の解決は難しい。小学生からピアスをすることは生徒指導上、ご法度ではあるが、こちらの文化を強制してよいのか、考えさせられる場面もあった。もちろん、外部機関との連携によって解決できることばかりではない。

外部との連携に話をもどすと、ケースワーカーと学校徴収金について相談することもある。最近では、学校給食費を学校長に払うという法律上の制度を使っている自治体も多いが、以前は直接保護者に手渡し、それが学校給食費として納入されない事例もあった。そのたびに、ケースワーカーや福祉担当職員と連携して、支給日に役所で直接お金をいただくという事務職員の話も聞いた。これは、未納回収業務を円滑に進めるという理由からだけではなく、その子のためにはどんな手段が最適か考えた結果であると思う。話だけ聞くと、怖い事務職員が債権回収業者のごとく役所で待ちぶせし、未納分の回収を取り立てているようにとられる懸念もあるので、念のため補足しておく。

連携のためには、その担当課所の仕事を知ることも大切になる。どんな業務を担っているのか、事務職員がどのようにかかわっていけるのかなどを知るために、ケースワーカーや児童相談所の職員に研修講師をお願いして、学びあうこともしている。そういった機会を大切にし、おたがいが寄り添える連携を通じて、子どもたちや保護者をバックアップしていくことも重要な仕事だ。

子ども目線の学校改善に「ウォント・リペアカード」

子どもアンケートとして、学校財務（予算執行の補助）についての意見を子どもたちに聞く取り組みをおこなっている。第2章で紹介したように、おとな（教職員）については、年度当初や補正予算が組まれたときに、各教科や生徒指導部や情報教育部といった領域から意見を吸い上げ、それをもとに必要な教材などを購入している。それに対して、子どもアンケートでは、子どもから見て学校に必要だと思う教材などを教えてもらい、検討して購入するのだ。

わたしの場合は、「Want Card」（ほしい）と「Repair Card」（直して）を事務室に常設して、箱に入れてもらう方法でおこなっていた。

この取り組みにより、おとなではわかりづらい部分の修繕や、授業中などに貸し出す文房具の不足や要望などを把握することができる。消耗品ていどなら通例の在庫整備といっしょに事務職員の判断でそろえてしまう。

たとえば、「ポスカがほしい！　いつも足らないんです」「ポスカがほしい！　ぜひ買ってください」といった意見が寄せられた。それに対しては、「Want Cardへの記入ありがとう！　いま三年生はたくさん使っている時期だからね。いつ来てもないのかもしれないね。学校にはポスカを十セット以上買ってあるんだよ。いまは二セットもどってきてるよ。もう少し追加で買いますね」というような手紙で返事をしていた。
大きな要望が来るときもある。「体育館の上のカーテンを直してください」「体育館の黒いカーテンがボロボロです。直してください」という要望もあった。ようするに、体育館の遮光カーテンの状態が悪いらしい。状況を確認しにいくと、カーテン自体に穴が空いているし、レールにもはずれている部分があった。「ハイ！　直します」と即決はできなかったので、「みんなでいろいろなことを考える職員会議という会議があるので、そこで話しあってみます。もう少し待っててください」と手紙を書いた。
そして、職員会議の資料を作成するために、修繕の見積もりをとり、修繕日程の調整案をふく

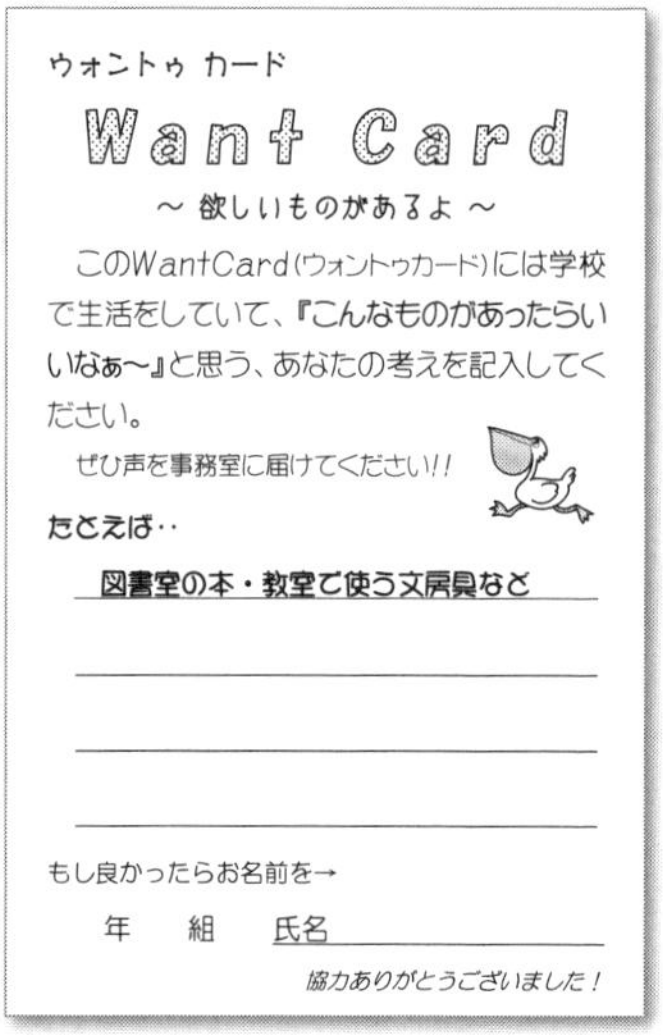
ウォントゥ カード
Want Card
～ 欲しいものがあるよ ～
このWantCard(ウォントゥカード)には学校で生活をしていて、『こんなものがあったらいいなぁ～』と思う、あなたの考えを記入してください。
ぜひ声を事務室に届けてください!!
たとえば‥
図書室の本・教室で使う文房具など
もし良かったらお名前を→
年　組　氏名
協力ありがとうございました！

Want Card

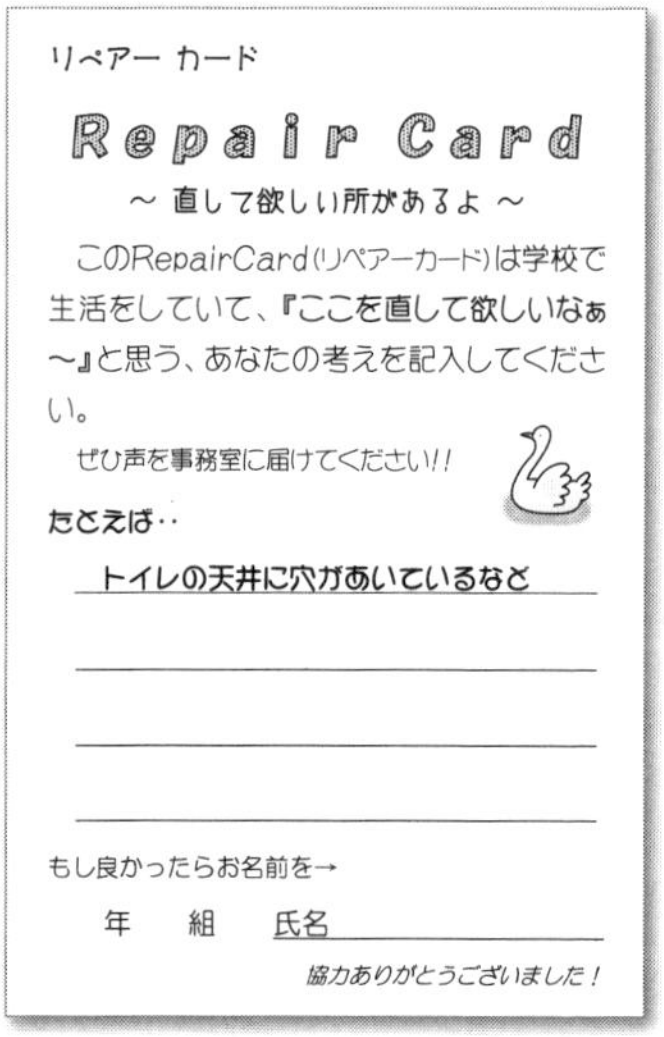
リペアー カード
Repair Card
～ 直して欲しい所があるよ ～
このRepairCard(リペアーカード)は学校で生活をしていて、『ここを直して欲しいなぁ～』と思う、あなたの考えを記入してください。
ぜひ声を事務室に届けてください!!
たとえば‥
トイレの天井に穴があいているなど
もし良かったらお名前を→
年　組　氏名
協力ありがとうございました！

Repair Card

めて提案した。もちろん、子どもたちの声も紹介した。その結果、修繕することが決まった。大きなお金が動くときは事務職員の一存ではなく、教職員のコンセンサスをとることが重要である。まったくの偶然だが、カーテンの修繕がすんだ翌週に周年行事[32]が組まれていたことを思い出した。学校の六十周年記念式典が開かれる。子どもたちには、「あなたたちの声でカーテンが新しくなりました。六十回目の誕生日プレゼントになりましたね」という言葉を添えて、お礼の手紙を渡した。

安全点検と施設管理にユニバーサル・デザインの観点を

安全点検という仕事が学校にはある。法律で定められている仕事であり、法令には「毎学期一回以上、児童生徒等が通常使用する施設及び設備の異常の有無について系統的に行わなければならない」とあるが、「臨時点検を行うものする」という規定もある。そのため毎月、学校内外の施設設備を点検している学校が多い。専門業者による法令にもとづく点検（消防設備点検など）以外に、教職員でも点検をしている。多くの学校では、清掃を監督する場所と同じ場所に担当が割

32　開校○○周年を祝う事業のこと。十周年記念、二十周年記念といった感覚で式典を催す場合が多い。周年記念式典実行委員会を組織して企画する。多くは地域の町会長が会長を務めて学校や町会の集会場で会議を重ねる。わたしも、式典がおこなわれるとかならず駆りだされて、会計業務に携わっていた。ここでも、自治体からの補助金があるために明瞭な会計処理が求められる。

り振られることが多い。

わたしが担当している廊下や玄関の場合は、「床面に釘やささくれが出ていないか」「摩耗や破損などはないか」「廊下が滑りやすく、転倒の恐れはないか」「通行の妨げになるものが放置されていないか」「戸棚、下足箱などの転倒防止がなされているか」などいう項目をチェックする。そして、異常が認められる場所は修繕の対応をする。これが、どこの学校でもおこなっている安全点検とその後の修繕作業だ。

より進んでいる学校になると、さらに踏みこんだ安全点検や安全教育がおこなわれている。安全点検などは、基本的に安全部という校務分掌で担当しているが、施設設備とのかかわりから、事務職員が安全部に入って活動をしている場合もある。

安全教育に関して、法令には教職員の研修計画策定が定められている。その一環として事務職員がおこなった事例に、子どもの目線でおこなう安全点検の提案がある。学校の安全点検は、教職員の勤務場所としての意味もあるが、メインは子どもたちの学習や生活の場である。子どもの視野は、おとなにくらべてせまいといわれている。六歳児ていどでは、垂直方向でも水平方向でもおとなの半分強くらいしか見えないという。そのため、特殊な眼鏡（子どもの視野を疑似体験できる眼鏡）をつけて校舎内外を歩き、安全点検をする研修を実施している事例だ。また、教職員と子どもがいっしょに安全点検をしている事例も聞いた。

わたしも、管理棟と教室棟だけという小さい学校ではあったが、電気・水道・ガス・放送の流れやしくみ、消火器の場所と有効期限を調べたことがあった。専門業者が修繕や点検に来たときに疑問点などを質問する過程でつくったため、完成までに数か月かかったが、その情報を教職員間で共有することで緊急時に役に立ったこともある。

これらのことから、子どもの感覚や実態にあわせて設備を整備していくことも求められる。たとえば、安全点検とは異なるが、黒板が見づらいという意見が「Repair Card」に寄せられたことがある。教室で確認してみると、黒板自体のチョークの写りが悪いこともあったが、黒板が光って、はしに座る子にとっては、チョークの色によって見づらいこともあった。カーテンを閉めると、暗くなりすぎる。いろいろと問題があった黒板だったため、とりかえることを提案した。

そのさい、両端が歪曲になっている黒板を選び、はしの子が光の影響を受けづらいものを選んだ。また、黒板といっても表面は緑である。緑板では、赤や青が見えづらい。ほんとうの黒い黒板もあるが、会議で導入は見送られたため、チョークの色は白や黄色を中心にし、朱赤のチョークを使うなどという工夫をとり入れた。

いま、学校でも、ユニバーサルデザインという言葉が叫ばれている。みんなが使いやすいという視点を考慮した施設設備の整備も、事務職員には求められている。

コラム

増える学校給食費の未納――どう解決していくべきか

二〇〇六（平成十八）年、文部科学省が「学校給食費の徴収状況に関する調査」をおこない、前年度の未納額は小・中学校あわせて、二二億二九六三万八〇〇〇円という事実が明らかになりました。新聞では「学校給食二二億円未納、原因の六〇％が保護者としての責任感や規範意識の問題」と報じられ、その後、全校調査ではありませんが、二〇一〇（平成二十二）年、二〇一一（平成二十三）年、二〇一三（平成二十五）年と、その調査（以降、「文科省調査」とする）は続いています。

さらに、各地で自治体が保護者を訴えるという裁判や、本編でもふれたように、教職員が未納回収業務の正当性に対して自治体を訴えるという裁判もおこなわれ、学校給食費の未納は社会問題に発展してきています。

文科省調査によると、学校給食費の徴収方法について、金融機関の口座引き落としを利用している学校は七〇％程度です。わたしの経験から、手渡しで集金する方法より、口座引き落としのほうが未納は多くなります。

その原因を、お金が移動するパターンから考えてみましょう。かりに事務職員が集金業務を管理しているとすると、①保護者→金融機関→事務職員（引き落とし）、②保護者→担任→事務職員（手集金）、

③保護者↓PTA・担任↓事務職員（手集金）というパターンが考えられます。いちばん未納が少なくなるのは、③です。ついで②、①の順番が一般的でしょう。それは、あいだに人が入るからです。しかも、③は保護者が入っています。金融機関があいだに入る場合は、未納のデータを受けとった事務職員が未納通知をつくり、保護者に渡されるだけなので、感覚的に遠くなりがちなのではないでしょうか。これは、学校給食費が私会計の場合で、本編でもふれたように、公会計の場合もあります。その場合は、保護者↓教育委員会というパターンが加わります。

二〇〇六（平成十八）年以降の文科省調査は抽出調査のため、正確なデータではありませんが、学校給食費の徴収方法で「PTA等と連携し徴収をしている」という項目の割合が、近年増加しています。さきほど示した未納率が低くなるパターンです。PTA等との連携とあり、「等」の内訳はわかりませんが、おそらく保護者組織だと考えられます。学校給食費を保護者が集めることはできないので、「連携」としているのでしょう。

じつは、PTA会費の未納は、教材費や修学旅行費にくらべて少ないのです。それは保護者が集めることが多いからです。授業参観や学級懇談会などで、同じクラスの保護者とはそれなりにかかわりがあり、その集団性を利用して未納を減らそうという取り組みなのです。

たとえば、「集金日」と指定された日に担任が立ち会い、学級理事となっているPTA役員が子どもから集金を預かる場に居合わせる場合、直接、保護者どうしは対峙しませんが、「あの子のうちはいつも未納」というレッテルを張られるかもしれないという思考が少なからず働きます。じっさいにはそんなことはなく、事務的におこなっていると思いますが、そういった懸念も想定されます。その結果、未納がなくなったという学校もあるほど、効果があります。

手集金の場合、親が毎月学校に持参するというのは考えにくいので、子どもが持参することになるでしょう。登下校時の安全面を考えたり、紛失や盗難のリスクを考えたりすると、手集金も一概によいとはいえないかもしれません。事務職員が学校で集めたお金を金融機関へ入金するさいの盗難などの事故は、公会計化されている場合、保険がかけられています。私会計の場合は、それもありません。

リスクを考えると、金融機関からの口座引き落としが安全です。ここで問題となるのが、リスクを負ってでも未納をなくすか、リスクを回避するために口座引き落としの手段をとるかという二者択一なのです。そこで、プリペイドカード方式が浮上してきました。カードを販売するかたちで、学校給食費を徴収する方法です。あらかじめプリペイドカードを購入するか、お弁当を持参するかの選択となります。忘れた場合は、昼食を食べずにがまんするのでしょうか？　あるいはだれかに借りる？プリペイド方式を採用した自治体のなかには、「学校給食を利用しないで、弁当を持参されてもかまいません」と保護者に広報しているところもあるそうです。しかし、本編で抜粋した、学校給食の目的や学習指導要領からわかるように、学校給食は教育活動の一環です。学校では学校給食をとおして、栄養士らが食育などの指導を進め、担任もかならず子どもといっしょに食べて、マナーなどの指導をおこなっています。この方法でそうした教育活動を維持できるのか、疑問が残ります。

学校給食の提供に対して、申し込みをさせる自治体もあります。そのさい、「未納状態が続く場合は法的措置をとることがあります」と書かれた申込書に署名捺印をさせるのです。学校給食費が公会計となっている場合、自治体の長は訴訟を起こすことができます。訴訟にまでは至りませんが、裁判所の関与を求める法的措置として、「支払督促」という手続き（未納者に金銭を支払うよう裁判所が督促する手続きのこと）もあります。支払督促がおこなわれると、強制執行を申し立てることもできるのです。学校給食費の場合（六十万円以下の支払い）には、「少額訴訟」という方法もあります。判決書などにもとづき、強制執行を申し立てることができます。

学校給食費の消滅時効は、民法の第一七三条三項により、二年です。なお、時効は、利益を受ける者（この場合は学校給食費を支払わなくてはならない保護者）が、時効を主張することで成立します。法的措置は、権利を行使することで、時効による消滅を防ぐ手立てとしても使われます（時効の中断）。

文科省調査によると、法的措置を実施した自治体は一％程度ではありますが、公会計となっている場合は税金の一種と考えられ、学校給食費を完納するまでは、ほかの施策（たとえば、子ども医療費の無償制度）を一時的にストップされてしまうこともあります。

入学と同時に「念書」を書かせる自治体もありました。「三か月未納となった場合、学校給食を停止しても文句は言いません」という内容です。たしかに、三か月間うっかり入金を忘れていたということは考えにくいですが、支払わないという意思なのか、支払えない状態なのか、ていねいに事例を検討することが必要でしょう。

「子どもに責任はない、子どもが犠牲になるようなことはあってはならない」という考えも、「無銭食だ、お金を払っていないなら停止は当然」という意見もあります。どちらかにフォーカスするのではなく、どうしたら双方が満足できるのかを考えるべきでしょう。「あの子は、給食費を払っていないので、給食は食べません」と担任が指導できるわけがありません。しかし、極論ですが、全員未納状態では、給食をつくることができないのも事実です。

文科省調査によると、未納の原因で三割程度を占めているのは「経済的な問題による未納」でした（責任感や規範意識が六割で、一割弱が「その他」で判別不能という回答）。経済的な問題の場合は、本編で紹介した就学援助制度を利用することで、大半は解消されます。未納問題が社会現象化してから、就学援助制度の利用を積極的に周知している自治体は増えてきています。学校給食申込書にも、「払えないなら援助を受けてほしい」というような文言が書かれています。残りの六割に関しても、ほんとうに「責任感や規範意識」が問題なのか、個人面談や家庭訪問をとおして考えていく必要があるでしょう。

また、児童手当から学校給食費を徴収している自治体も増えてきています。「児童手当法」の趣旨にはずれるものではないので、保護者の選択により、学校給食費にあてることも手段のひとつだと思います。所得によりますが、児童手当十二万円（年間）のうち、三〜四割をあてればよい計算になります。それにより、じっさいに未納が減ったという事例も、文科省調査でみることができます。

学校給食費を無償化している自治体や、未納により停止させる自治体があるという温度差のある現状です。また、食べてしまうのだから保護者負担が望ましいという考え方と、給食の時間は教育活動の一環であるため公費負担が望ましいという考え方にも分かれています。第4章でもふれますが、子

column

ども医療費の無償化は、年を重ねるごとに広がり、対象も拡大してきています。子どもの医療費は無償であるべきだという国民的コンセンサスが形成されてきているからだといえるでしょう。公費をあてるということは、税金をあてるということです。学校給食費に関する国民的コンセンサスがどこへ向かうのかが、重要になってくると思います。

学校給食費の未納問題、あなたはどう思いますか？

第4章

これからの公教育を考える

子どもの権利を実現する学校事務へ

本章は、第2、3章からのいわば発展的な内容といえるだろう。ひとしく教育を受けるための教育費無償性、学校で学び、生活をしている子どもたちの権利について考えてみたい。事務職員の仕事が全国的にも統一されていないことは述べてきたとおりだが、事務職員自身の考え方も当然ながら違ってくる。本章で展開する論には、わたしの考えが強く主張されており、事務職員全員がこう考えているわけではない。少々補論的に読んでもらいたい。

1　教育無償化の経緯と展望

▼義務教育費無償の原則に逆行する学校徴収金

暗記できた方は読みとばしていただくとして、日本国憲法の第二六条を再確認しておこう。第一項には「すべて国民は、法律の定めるところにより、その能力に応じて、ひとしく教育を受ける権利を有する」と、第二項には「すべて国民は、法律の定めるところにより、その保護する子女に普通教育を受けさせる義務を負ふ。義務教育は、これを無償とする」と書かれている。

ところが、第2章でもふれたように、問題集やドリル、実習材料を買うために、多額の教材費が学校によって徴収されている。そして、それが完納されることを前提として授業は進み、未納がある場合は学年末になると回収に走る。とりあえず買ってしまい、あとからお金を徴収する場合が多いからだ。「払えないじゃなくて、払ってくれ」という考えが前提にあるのだ。

また、修学旅行への参加に学校徴収金の完納が条件となっている、という話を聞くことがある。わが子も修学旅行に行かせたいという一心から、お金を払う保護者は多い。しかし、修学旅行費だけでも高額なのに、それに上乗せして学校給食費や教材費の完納を条件にするのは、少々いきすぎていないだろうか。もちろん、学校側は一括ではなく分納計画を立てている場合が多いため、毎月払わないほうが悪いという論理もあるにはある。学校給食費の未納問題と同じで、親の規範意識という問題も出てくるだろう。

聞いた話だが、修学旅行の前日に木から落ちて骨折し、当日欠席した子どもがいたという。その家庭は多額の未納を抱えていたらしい。因果関係を証明することはもうできないし、証明したところで修学旅行の前日にもどれるわけでもないが、どうしても気になってしまう。中学生にもなれば、親の経済状況をあるていど把握できる場合もあるだろう。

就学援助制度を利用していたとしても、一時的に多額の支払いを求められるケースもある。[1] 就学に対する援助が必要だから受けている制度なのに、これでは、制度として本末転倒である。家庭の実情を把握しきれていない実態が、学校にはまだある。

このように、お金がなくては、義務教育段階の「ひとしく教育を受ける権利」の保障すら危ぶまれる状況だ。問題点のひとつとして、家庭の経済状況をかんがみない教材費などの集金計画があるだろう。学校側が必要な教材などを積み上げていき、合計額を徴収するという流れが、はたして正しいのか。受益者負担の広がりから、費用負担を求めるベクトルは一方的に支払者（保護者）に向いている。しかし、設置者負担という考えのもと、自治体への要求につなげていくことも必要だ。向くべきベクトルの先は保護者だけでなく、自治体にもあるのだ。そして、学校現場では、できるかぎり保護者が負担するお金を減らす努力が求められ、教育費無償へ近づけていくことが求められるだろう。

当然、第二六条も日本国憲法の基本理念である「国民主権」「基本的人権の尊重」「平和主義」を実現するためにおかれている条文であり、教育に関しての重要性が定められている。「国民主権」の実現、たとえば民主主義の担い手となるためには、教育により能力が開発されていく必要がある。「基本的人権の尊重」や「平和主義」の実現にも教育は欠かせない。そのためにも、すべての国民は「ひとしく」教育を受ける権利があり、社会的身分や経済的地位などによって、それが剥奪されないために「無償」という規定が存在している。

以上のことを念頭におき、義務教育費の無償性についてさまざまな角度から検討してみよう。

1　埼玉県川口市では、そういった実態（家庭から一時的にでも費用負担をさせること）を回避するために「概算払い制度」がある。これは、修学旅行のような多額の費用に関しては概算で学校に支給し、その後、清算をするというもの。これにより、就学援助制度を利用している家庭は、家計からの支出を一時的にも回避できる。すべての自治体でこういった制度を設けるべきだ。

▼現行法で無償とされている範囲は

まず、授業料については、義務教育段階の公立学校では無償となっている。教室に入り、着席するための椅子と、教科書が置かれる机は、だれにでも与えられる。しかし、学校徴収金に未納がある場合は、それ以上の活動が制限されてしまう可能性がある。たとえば、学校給食費が数か月未納となると、学校給食の提供を停止されるかもしれない。年に一度くらいは「給食費を払わないと給食の提供を止める」という通知や措置の報道を耳にする。

授業料を払わなくてもよいとされる根拠は、教育基本法の第五条四項に「国又は地方公共団体の設置する学校における義務教育については、授業料を徴収しない」とされているからだ。また、学校教育法の第六条但書にも「学校においては、授業料を徴収することができる。ただし、国立又は公立の小学校及び中学校〔中略〕における義務教育については、これを徴収することができない」となっている。

授業料以外の負担を規定している条文は、学校教育法の第五条「学校の設置者は、その設置する学校を管理し、法令に特別の定のある場合を除いては、その学校の経費を負担する」があって、学校設置者負担の根拠となっている。「法令に特別の定のある場合」が示している法令とは「市町村立学校職員給与負担法」のことであり、その定めにより、教職員給与は都道府県が負担することになっている。厳密な意味では、この場合のみが設置者負担の例外となる[2]。

この条文をストレートに読めば、学校の経費、すなわち学校でかかるお金は設置者（自治体）負担という解釈ができる。学校が設置されている目的は、たとえば学校教育法の第二九条「小学校は、心身の発達に応じて、義務教育として行なわれる普通教育のうち基礎的なものを施す」とあるように、普通教育を施すためであり、「その学校の経費」とは当然、その学校で普通教育を施すために必要なお金を指すだろう。しかし、現に自治体から配当されているお金（公費）では足りず、その多くを教材費などと銘打って保護者負担金（私費）に頼っている現状は、何度も述べてきたとおりである。

つぎに、国が負担するとされている経費（国庫負担）を確認してみよう。まず、「義務教育費国庫負担法」の第一条には「義務教育無償の原則に則り、国民のすべてに対しその妥当な規模と内容とを保障するため、国が必要な経費を負担することにより、教育の機会均等とその水準の維持向上とを図ること」が目的に書かれ、文部科学省のＷｅｂサイトにも同法について、「憲法の要請に基づく義務教育の根幹（機会均等、水準確保、無償制）を支えるため、国は必要な制度を整備することが必要」と説明されている。

その法律により、教職員給与の三分の一は国庫負担（三分の二は都道府県負担）とされている。むかしは、教材費の一部に関しても、教職員給与のように国庫負担が規定されていた。国庫負担からはずれたことにより、自治体間の教材費予算に差が生じ、結果的に保護者負担金の増加や自治体格差が生まれているという説明につなげることもできるだろう。前述した第一条の目的がみごとに崩れたのだ。

教科書に関しては、「義務教育諸学校の教科用図書の無償措置に関する法律」により、保護者の負担はなく、無償となっている。国が教科書を購入して設置者に無償で給付し、校長が子どもたちに給与するとされている。

もうひとつ、建物に関する規定がある。「義務教育諸学校等の施設費の国庫負担等に関する法律」により、国の負担が定められている。たとえば、教室の不足を解消するための校舎の新築または増築に要する経費は二分の一、中高一貫教育をおこなうための中学校の建物の新築または増築に要する経費は二分の一、などというぐあいである（二分の一は市区町村負担）。

ここまでが、国庫負担などがあてられ、保護者の側からみれば無償とされている費用となる。学校現場で事務職員が一生懸命がんばっても、法律をつくることや変えることはできない。しかし、こうなったらいいよね、

2　鈴木勲『逐条 学校教育法【第六次改訂版】』（学陽書房、二〇〇六年）五一頁

という理念は伝えられるし、それを広めていくこともできる。
もう少し、理論を深めてみよう。

▼「義務教育は、これを無償とする」の範囲は――学説・裁判・行政の変遷

「ひとしく教育を受ける権利」の実現は、日本国憲法の第十四条「すべて国民は、法の下に平等」という規定も背中を押してくれるだろう。「人種、信条、性別、社会的身分又は門地により、政治的、経済的又は社会的関係において、差別」は許されないのだ。

子どもがおかれている家庭の状況は、子ども自身が望んだものでも、選んだものでもない。さらに、教育基本法の第四条にも、教育の機会均等として「教育上差別されない」ことが書かれ、日本国憲法の平等理念を教育に置き換えた条文となっている。

同じく、教育基本法の第五条三項には、国の責任として「義務教育の機会を保障し、その水準を確保する」ことが書かれている。しかし、国は、だれもが平等に教育の機会を得るために、すべての費用を無償にして、どんな立場の人でも保障しようという理念ではなく、一定水準以下の人を底上げして、経済的理由による差別を回避するための措置を優先した。いわば、全体をカバーするのではなく、ミニマム的な措置として経済的困窮者に対する援助（就学援助制度）が定められることとなり、貧困層の子どもに対しては公費負担を増やし、機会均等を保障する、その反対解釈として、そのほかの子どもに関しては、保護者が私費を負担するという原則が確立しているわけだ。

つぎに、そもそも「義務教育は、これを無償とする」が示している無償の範囲とは、どこまでを示しているのかという問題がある。

まずかんたんに、学者の考えた学説[3]を紹介しよう。

憲法の規定は、国にできるだけ広範な無償を実現することを政治的・道徳的に義務づけているが、無償の範囲はそのときの国の財政事情などにおうじて、別に法律をもって具体化されるものであるという「無償範囲法定説（プログラム規定説）」がある。日本国憲法施行以降、文部省はこの考え方をとっている。それに対して、その経費は必要最小限にとどめるべきだが、修学に必要な経費（授業料、教材費、学校給食費など）のすべてを無償にするべきという「修学費無償説」もある。ほかに、判例の立場である「授業料無償説」といって、文字どおり無償の範囲を授業料に限定して理解するものがある。この考え方は学説にも多いが、授業料のみである現状を全面的に肯定するのではなく、教材費などもふくめて、すべての義務教育費を無償にするよう、国の政治的義務として積極的に努力するべきであるとも強調していることが特徴である。

判例という言葉が出てきたので、授業料無償説の根拠となっている判例を紹介しておこう。昭和中期の終わり、東京オリンピックを目前としたころに、「義務教育費負担請求事件」[4]という裁判の判決が下った。それは、まだ教科書が無償になっていない時代まで遡る。公立小学校二年生の親権者が、日本国憲法の第二六条二項後段、「義務教育は、これを無償とする」という条文を根拠に、それまで支払った二年分の教科書代金八六五円の返還と、義務教育終了までに親権者への請求が予想される教科書代金五八三六円の不徴収を求めて提訴した。裁判は、一九六四（昭和三十九）年に最高裁判所が原告の請求を棄却して終結した。これ以降、わたしの知るかぎりで同様の事件はない。そのため、この判決が確定しているのだろう。

最高裁判所の判断は、「国が義務教育を提供するにつき有償としないこと、換言すれば、普通教育を受けさせるにつき、その対価を徴収しないことを定めたもの」であり、無償の範囲は授業料とすることが相当という

3　永井憲一『憲法と教育基本権【新版】』（勁草書房、一九八五年）八八―九二頁
4　最高裁判所大法廷判決「民事判例集十八巻二号」（昭和三十九年二月二十六日）三四三頁

ものだった。

しかし、判決文には続きもあり、「もとより、憲法はすべての国民に対しその保護する子女をして普通教育を受けさせることを義務として強制しているのであるから、国が保護者の教科書等の費用の負担についても、これをできるだけ軽減するよう配慮、努力することは望ましいところではあるが、それは、国の財政等の事情を考慮して立法政策の問題として解決すべき事柄であつて、憲法の前記法条の規定するところではないというべきである」と主張している。

この判決文から、授業料以外の部分については、法律を制定して無償化を進めることが望ましいということがわかる。この判決は事務職員にとっても重要だ。「教科書等の費用の負担についても、これをできるだけ軽減するよう配慮、努力する」ことが望ましいと言っている。前述したように、現場では法律をつくることも変えることもできないが、こういった理念を周知していくことはできる。それが広がれば、国会に届くことだってある。第2章に研修の資料を載せたが、そのときの研修では毎年、この判例についても扱っていた。いままで百人くらいに研修をした計算になるが、知っていたという人はいなかった。

その後、教科書が無償化されたことは、ここから派生した立法政策によるものと考えられる。裁判で原告は負けたが、結果的に教科書は無償化されたのだ。ちなみに、東京地裁の第一審が一九六一（昭和三十六）年、教科書無償の法律ができたのが一九六三（昭和三十八）年、そして最高裁の判決が一九六四（昭和三十九）年。教科書無償に関する裁判闘争中に、無償化に向けて国も舵をとったことがみてとれる。

もう少し歴史をひも解いていこう。さらに、遡ること十年以上、一九四七（昭和二十二）年。最後の帝国議会（第九十二回）における答弁で政府は、教育基本法制定時に無償の範囲が「授業料不徴収」にとどまった理由を、つぎのように述べている。少し長くなるが引用してみよう。

「憲法第二六条第二項に『義務教育はこれを無償とする』とありまする『無償』を授業料に限った理由であり

ますが、これは各国の立法例等も十分研究いたしましたが、わが国の財政上の都合、その他を考慮いたしまして、今日においては授業料を徴収しないことを、憲法の『無償とする』という内容にいたしたいということにいたしまして、ここにそれらを明らかにした次第でございます。なお、国によりましては、一部教科書とか、あるいは学用品とかその他のものを給与するとか、支出するとかいうふうな所もありますが、それについてはわが国の現在の事情としては、授業料を徴収しないというところあたりにしておいて、将来また国力が回復するに従って適当な方法を講ずればいいのではないか、かように考えております」[5]

また、一九五一（昭和二十六）年三月の、一部の教科書を無償とする法案の審議においても、政府はつぎのように答弁している。

「現在は授業料でございますが、そのほかに教科書とそれから学用品、学校給食費というふうな、なおできれば交通費というふうなことも考えておりますが、それらを一時に全部やるということは到底現在の財政上ではできませんので、止むを得ず今回は教科書、而もそれも一部分だけ実施するという試みにして、その結果によつて又次の飛躍を期するというふうに考えておる次第でございます」[6]

これらの答弁からわかるように、当時の政府・文部省の考えとして、授業料以外が保護者の負担となっている実情を、あくまでも財政上やむをえない措置であるとしているのだ。忘れてはならない大切な答弁であり、理念でもある。

戦後まもない時期であり、この答弁は当時の最善策だったのだろう。義務教育費負担請求事件の判決とも共通して、授業料以外の無償については今後対応していくべきと語られている。しかし、現代においては、受益

5　辻田力政府委員答弁「衆議院・教育基本法案委員会」（昭和二十二年三月十四日）
6　辻田力政府委員答弁「文部委員会」（昭和二十六年三月十九日）

者負担という大きな壁を越える対策が国家レベルではなされないまま、時間だけが過ぎている。ただ、地方においては、ほんのひと握りであるが、「完全」無償化が進んでいる自治体が出てきた（くわしくは後述）。教育費の無償化は、少なくとも自治体レベルで施策が打たれないと、実現は難しい。理論が先行するだけでは、実態がついてこないのだ。

無償化とまではいかないが、わたしはかつて勤務した学校で、研修などにより理論を構築していき、学校全体で保護者負担金を減らして、無償に近づけようとしたことがある。自治体にも予算の増額を訴えたが、なかなか満足のいく配当はされず、事務職員は経常経費の無駄を省く努力を、教員は教材の購入を抑制する努力をした。その結果、取り組みをはじめるまえとくらべ、教材費として集金する金額が半分以下にまでなった。しかし、長続きせず、「砂上の楼閣」であったことは否めない。

無償化には理念も必要だが、やはりお金が最重要事項なのだ。

▼学校経費の負担はどこが——主体と範囲の移り変わり

つぎに、そもそもどうして教育費が足りないのか、その理由を整理するために、教育財政の歴史[7]をふりかえりながら、受益者負担（教育を受けるものの保護者が負担）と設置者負担（学校を設置したものが負担）、国庫負担（国の負担や補助）の変遷をみていこう。

一八七二（明治五）年に発せられた、日本最初の近代的学校制度を定めた教育法令である「学制」体制のもとでは、受益者負担と学校設置者負担が混在していた。しかし、学問は「身ヲ立ルノ財本」と基本的に考えられ、ようするに、自分のために役立つものだから、教育を受ける者が負担すべきという受益者負担が原則にあった。

当時の学校設置者は、廃藩置県で置かれた府や県ではなく、学校設置の基本区画であり教育行政の単位でもあった「学区」となっていた。学制には「凡学校ヲ設立シ及之ヲ保護スル費用ハ中学ハ中学区ニ於テシ」（第九十七章）と規定され、設置・維持するに要する経費は、設置者である学区の負担とされていた。「幾分ノ受業料ヲ納メサル可ラス」（第九十三章）という授業料を徴収する規定も存在したが、国民の負担力と教育の普及を考慮して、大幅な減免措置があったという。それを補うために学区内で寄付など（民費）[8]を集め、大部分を住民が負担し（子どもの有無にかかわらず、ある種、税金のようなかたちで）、それでも不足するぶんに関しては国庫負担として、補助がされていた。

一八七九（明治十二）年、学制にかわって制定された「教育令」体制のもとでは、受益者負担から学校設置者負担へと大きく舵を切る。学校の設置者を学区から町村やその連合体に移し、財政力を高めた。「公立学校ノ費用［中略］ニ係レルモノハ地方税ヨリ支弁シ町村人民ノ協議ニ係レルモノハ町村費ヨリ支弁スヘシ」（第二四条）、また授業料については、「授業料ヲ収ムルト収メサルトハ其便宜ニ任スヘシ」（第四三条）とされた。すなわち、授業料を各学校の任意徴収として、地方（府県）税または区町村費で設置される公立学校の観念を明らかにしたのだ。これにより、原則として、小学校の経費は区町村費、そのほかの学校の経費は地方税で負担することになった。さらに、公立小学校経費に対する国庫補助が強化され、地方税からの補助についてもあらたに道が開かれた。

しかし、一八八〇（明治十三）年に教育令が改正され、この国庫補助規定は削除される。さらに、一八八五（明治十八）年の再改正では、授業料の徴収が義務となり、財源不足を授業料で補うこととなった。

7 文部科学省『学制百年史』（学制百年史編集委員会）や文部科学省『義務教育費に係る経費負担の在り方について』（中央教育審議会初等中等教育分科会教育行財政部会教育条件整備に関する作業部会、二〇〇四年）を参考にした。

8 「明治初年国・府県が国税・府県税を徴収して支弁する官費にたいして、その他の町村の維持のために町村民が負担した諸経費を包括的に民費と称した」と、Web版尼崎地域史事典『apedia』にはある。

その翌年の一八八六（明治十九）年、近代日本の初等教育制度について定めた「小学校令」が発せられた。そこには、「父母［中略］ハ［中略］授業料ヲ支弁スヘキモノトス」（第六条）と規定され、さらに「授業料及寄附金等ヲ以テ小学校ノ経費ヲ弁シ能ハサル場合ニ於テハ［中略］町村費ヨリ其不足ヲ補フコトヲ得」（第八条）と、授業料などが不足した場合は設置者が補助することになり、後退していく。

一八九〇（明治二十三）年、「小学校令」が改正され（第二次小学校令）、義務教育に関することは国から市町村へ委任されることになった。「市町村［中略］ノ負担ヲ以テ設置スルモノヲ市町村立小学校トシ」（第二条）と規定され、教員の給与をふくめた費用を設置者が負担することになったが、授業料の徴収も継続され、「市町村立小学校ニ就学スル児童ヲ保護スヘキ者ハ授業料規則ニ依リ授業料ヲ納ムヘシ」（第四四条）という規定が残っていた。

続く一九〇〇（明治三十三）年には「市町村立小学校費国庫補助法」が制定され、義務教育の教員給与費を国が補助することになった。あわせて改正小学校令（第三次小学校令）には、「授業料ヲ徴収セザルコトヲ得」（第五七条）とされ、授業料徴収の義務がなくなっている。これにより、無償性の原則が確立されてきた。

一九一八（大正七）年になると、「市町村義務教育費国庫負担法」が制定される。その第一条「市町村立尋常小学校ノ正教員［中略］俸給ニ要スル費用ノ一部ハ国庫之ヲ負担ス」により、国のかかわりは補助から一部負担という形態に移行した。また、「文部大臣ハ［中略］資力薄弱ナル町村ニ対シ特ニ交付金額ヲ増加スルコトヲ得」（第四条）と、資力薄弱な市町村に上乗せ交付をするという規定も生まれている。

一九四〇（昭和十五）年には、市町村の財政力格差を是正するために市町村負担制度を改め、府県と国が折半で教職員給与を負担することとした「義務教育費国庫負担法」が成立する。この法律は戦後まもなく一度廃止となるが、一九五二（昭和二十七）年に事務職員などの給与と教材費が対象に加えられ、復活した。

現在では、教材費が対象からはずされ、負担割合も国が三分の一、都道府県が三分の二となっていることは、すでに紹介したとおりである。

▼明治からあった教育費無償化運動

授業料に焦点を絞って、徴収をめぐる賛成派と反対派の歴史的闘争をふりかえってみよう。[9]

一八八六（明治十九）年の小学校令下において、当時の文部大臣である森有礼は、授業料徴収をつぎの理由から正当化していた。

「父兄〔中略〕タル者其子弟ニ対シテ教育ヲ受ケシムル義務アルノミナラス亦国家ニ対シテモ其子弟ヲ教育スルノ義務アルコト勿論ナレハ〔中略〕」、すなわち、保護者は、その子どもに対してのみならず、国家に対しても「教育すること」を義務づけられている、と。保護者は、義務を果たすために私財を注ぎこむ。「教育ノ費用ヲ父兄ニ於テ負担スルコト固ヨリ当然ノ事ナリト認定シタル」とも述べ、教育費の保護者負担を正当化していた。

それに対して、授業料徴収を批判する国民運動もあった。日本初の社会主義政党である社会民主党が一九〇一（明治三十四）年に発表した「社会民主党宣言書の理想綱領」には、「人民をして平等に教育を受けしめる為に、国家は全く教育の費用を負担すべきこと」などと書かれ、お金の有無などによって教育の機会に差が生じないよう機会均等を図るのは、国家の責務であるという主張をしている。しかし、党は治安警察法により結成まもなく解散となっている。このような思想は受け入れられない時代だったのだ。

少し時期が経過した一九二〇（大正九）年には、日本初の教員組合である日本教員組合啓明会が発表した「教

9 藤本典裕「教育費・教育予算を考える視点――歴史的・思想的遺産から学ぶ」全国公立学校教頭会編『学校運営』（学校運営研究会、二〇一二年）六―一一頁

育改造の四綱領」のなかで、教育の機会均等と題した部分に「教育を受くる権利――学習権――は人間権利の一部なり、従って教育は個人義務にあらずして社会義務なりとの精神に本づき、教育の機会均等を徹底せしむべく、小学より大学に至るまでの公費教育――（1）無月謝。（2）学用品の公給。（3）最低生活費の保障――の実現を期す」と書いている。授業料のみならず学用品や最低生活費まで、教育を受ける権利を保障する条件と考え、公費によって賄うべきとの主張だ。

さらに近年では、奥平康弘（東京大学名誉教授）と永井憲一（法政大学名誉教授）の論争がある。[10] 授業料無償説に立つ奥平は、子どもに対する親の権利や責任を軽視することはできないという理由から、親の経済的な負担を否定せず、経済的理由で就学困難な場合は社会保障で解決すべきとしている。これに対し、修学費無償説に立つ永井は、教育の自由は無償教育が保障されているという前提があって成り立ち、社会保障ではカバーしきれない実態（必要な保護が十分にされていないことなど）があると主張している。

▼全面無償化案を幻にした、占領政策との齟齬

一九四九（昭和二十四）年、文部省は「学校基準法案」（教育課程の編成や施設設備の基準など）と「学校財政法要綱案」（教育の機会均等と教育費に対する国民負担の均衡、公立学校に要する経費の基準など）を起草した。[11]

学校財政法要綱案には、設置者が負担する経費について、「学校の維持管理に要する経費」「生徒・児童の教科書、学用品その他学修に要する［中略］経費」「学校の施設に要する経費」[12] とされている（半額は国が負担する）。注目したいのが、国の負担として教科書や学用品、その他学修に要する経費がふくまれていることだ。さきに紹介した教育基本法制定時の帝国議会での答弁から二年後のことである。[13]

しかし、両案は成立どころか閣議に提出されることさえなかった。一九四八（昭和二十三）年以降、ＧＨＱの対日占領政策の変更を受けて開始される財政制度改革（国庫負担や国庫補助制度、「義務教育費国庫負担法」〈のち復

活〉の廃止もこの改革による）と法案のもつ中央集権的な性格が両立せず、受け入れられなかったためといわれている。[14]それにしても残念だ。現状で無償化が実現されていないひとつの理由は、明確な法律がないからであり、「学校基準法」や「学校財政法」のような法律が成立していたら、保護者の負担するお金は格段に軽減していただろう。

▼世界がめざす、高等教育をふくむ無償化

反対に、法律で無償が規定されている国もある。少しだけ国外のようすを確認しておこう。

まず、「国際人権規約」という条約がある。世界人権宣言の内容を基礎に条約化したものであり、人権諸条約のなかで、もっとも基本的かつ包括的なものだ。社会権規約と自由権規約があり、教育費に関しては、「経済的、社会的及び文化的権利に関する国際規約（社会権規約）」（以下、社会権規約とする）、に条文が掲載されている。「教育について、すべての者の権利を認める」（第一三条）とあり、権利の実現を達成するためにいくつかの方策を規定している。要約すると、第一三条二項の（a）に初等教育の即時的無償化、（b）に中等教育の漸

10 広沢明「憲法二六条に関する学説史」日本教育法学会『年報二六号：戦後五十年と教育法学』（有斐閣、一九九七年）五四―五五頁

11 世取山洋介「教育条件整備基準立法なき教育財政移転法制」世取山洋介・福祉国家構想研究会『公教育の無償性を実現する――教育財政法の再構築』（大月書店、二〇一二年）三九―四〇頁

12 『内外教育』第一四七号（時事通信社、一九四九年）

13 学修費とは「子どもが学校に通い授業を受けるために必要な費用」と、前掲の『公教育の無償性を実現する』には書かれている。また、教科書、教材、学用品のほか、おそらくは給食や修学旅行費もふくめて修学費と呼ぶ説もあると、前掲の『憲法と教育基本権』にあった。

14 鈴木喜治『教育と財政――国、地方を通ずる教育費の諸問題』（港出版合作社、一九五一年）四〇頁

進的無償化、（c）に高等教育の漸進的無償化が規定されている。[15] 即時的（a）または漸進的（b）という違いはあるが、教育の機会均等を実現するために、保護者の財政負担をなくし、教育全体の無償性を導入することが条約批准国に課せられている。

しかし、日本政府は一九七九（昭和五十四）年の批准以来、この第一三条二項の（b）と（c）の条文を留保していた。日本政府としては、初等教育いわゆる小学校は授業料を徴収していないため（a）は達成しており、[16]（b）と（c）については、授業料を徴収している高等学校や大学がふくまれているため留保したと考えられる。また、中等教育以上は「漸進的な」無償教育の導入にもかかわらず留保していたことを考えると、当時の日本政府は、中等教育以上の教育費無償化については将来的な政策としても考えていなかったことが想像できる。

しかし、二〇〇九（平成二十一）年の政権交代により、留保撤回についての議論が政府内外で起こるようになった。それから三年後、二〇一二（平成二十四）年に留保撤回の報道が小さくなされた（野田第二次改造内閣）。日本政府は批准から三十三年の時を経て、留保撤回を国際連合事務総長に通告したのだ。外務省は、奨学金の対象拡大や各大学の授業料減免措置などが広がり、「留保撤回の環境が整った」と説明。文部科学省は「家計の負担を軽くする施策について、最大限努力したい」と表明した。あれからさらに数年が経過したが、とくに際立った施策を打ち出すにはいたっていないように思えるのは、気のせいか。

つぎに、「児童の権利に関する条約」（一般に「子どもの権利条約」といわれているため、以下「子どもの権利条約」とする）を紹介しよう（くわしい内容は本章の2を参照）。この条約は世界で百九十六の国と地域が批准し、子どもの権利に関してのグローバルスタンダードとして考えられる。現在の未締結国（条約に署名したが批准していない国）は、アメリカのみ。日本は、社会権規約の批准から十五年後の一九九四（平成七）年に批准している。

子どもの権利条約には、「教育についての児童の権利を認めるものとし、この権利を漸進的にかつ機会の平等を基礎として達成する」（第二八条一項）とあり、初等中等教育に対しても無償性の導入が規定されている。

ただし、第二八条一項（b）の日本政府訳は、「例えば、無償教育の導入、必要な場合における財政的援助の提供のような適当な措置をとる」[17]となっているが、ユニセフ訳では、「無償教育の導入、必要な場合における財政的援助の提供のような適切な措置をとる」（傍点筆者）となる。無償教育の導入は一例にすぎないと表している政府訳に対して、ユニセフ訳ではたんなる例としてではなく、無償教育は必要なものだという位置づけがわかり、条文の解釈に差が出ている。[18]「アラビア語、中国語、英語、フランス語、ロシア語及びスペイン語をひとしく正文とする」（第五四条）とあるように、日本語は正文ではないため、解釈に差が出てしまうのはしかたがない。ちなみに、正文とされている英語では以下のような表記となっている。「take appropriate measures such as the introduction of free education and offering financial assistance in case of need;」（Article 28-1〈b〉）。

つぎに、諸外国のようす[19]を見ていこう。

有名すぎるが、無償教育に関して先駆的な取り組みを行なっているフィンランド[20]を確認しておく。フィンランドは、基礎学校という九年一貫制の教育制度を実施している。就学前教育と基礎教育について定めた法律「基礎学校法」[21]には、授業料無償についての条文がある。第三一条に、「学習者に対する授業料ならびにその必

---

15 外務省Webサイト「経済的、社会的及び文化的権利に関する国際規約（A規約）」

16 こういったところにも、義務教育費の「完全」無償化が進まない理由があるのではないかと思う。

17 外務省Webサイト「児童の権利に関する条約」を参照した。

18 子どもの権利・教育・文化全国センター『十改訂ポケット版子どもの権利ノート』（二〇一一年）二六頁

19 ところどころで、二宮皓『世界の学校――教育制度から日常の学校風景まで』（学事出版、二〇〇六年）を参考にした。

20 フィンランドの文化や国風などは、堀内都喜子『フィンランド 豊かさのメソッド』（集英社新書、二〇〇八年）がくわしい。また、教育に関することは、庄井良信・中嶋博『フィンランドに学ぶ教育と学力（未来への学力と日本の教育）』（明石書店、二〇〇五年）がくわしい。

要条件である教科書、その他の学習資料、作業設備や作業材料は無償である。授業に出席した者は、授業のある日、その目的とする食事が提供される」という高規格な条文があるのだ。学習者は学習者福利（よい教育作用、心理作用、身体的健康などを持続させ、これらを促進すること）を受ける権利があるとされている。フィンランドでは、就学前教育から大学教育まで、授業料はすべて無償なのだ。[22]さらに、日本でいう義務教育時代は授業料のほかに教科書（無償貸与）や副読本、鉛筆やノートなどの文房具、工作・裁縫の材料や家庭科の食材などの教材、そして学校給食費、[23]条件により通学交通費や寮費なども無償としている。

人口が少なく自然環境の厳しいフィンランドでは、優秀な人材が国の最大資源であり、そのため人材育成に先行投資するという国策が基本にある。また、国が学習者に教育を受ける義務を課し、長時間学習者を拘束しているのであるから、拘束する側が費用負担すべき、という考えも根底にあるという。なかなか日本にはなじまない考え方かもしれない。日本の場合は、子どもが教育を受けるのは義務ではなく権利であり、教育を受けさせる義務が保護者にある。そう考えると、教育を受けさせる義務を親に課しているのは国ではあるが、義務を負っている保護者が負担するというロジックも考えられ、義務を負っている者が負担するとなると、小学校令時代の受益者負担に近づいてしまうが……。

ほかの国[24]では、スウェーデンやデンマーク、ドイツなどが有名である。また、東南アジアのブルネイでは、豊富な天然資源財政を背景に、初等教育一年前（五歳）にはじまる初等前教育から高等教育まで、すべて無償になっている。授業料だけではなく、学校給食費や通学費も無償とされ、高等教育では海外の大学に留学するさいの諸費用も国家が負担しているという。[25]

▼日本国内で進む無償化推進の取り組み

外国に続き、日本における、教育費無償化に先進的な自治体をみていこう。

まず、山梨県早川町[26]が有名となった。二〇一二（平成二十四）年度より、義務教育にかかる費用をすべて無償とした。これに対して文部科学省は、「義務教育の完全無償化は全国でも聞いたことがない」としている。[27]

早川町は、人口一一二五人（男＝五四七人、女＝五七八人）で世帯数六三七戸（二〇一五年十一月一日）、小学校が二校で中学校が一校、通っている子どもの人数は五七人[28]という町だ。早川町のＷｅｂサイトには、「学校に関する考え方」が紹介されていて、「小さいけれど、笑顔はでっかい！――日本一人口が少ない町の素敵な学びができる学校」という資料が掲載され、教育に力を入れているようすが伝わってくる。ここには、義務教育経費無償化についても目玉としてとりあげられている。しかし、教育は無償であるべきという論調で無償化をおこなっているというよりは、少子化対策による子育て支援が目的となっている。

無償化の方法は、無償化事業費という費用を学校に配当しているようだ。学校給食費の場合は、条例に定められている一食単価に子どもの数を乗じて得た額とし、教材費などに関しては、「早川町小中学校教材費等無償化事業実施要綱（平成二十四年教育委員会告示第五号）に定める経費[29]が配当されているため、基本的に保護者が負

---

21 「基礎学校法」の条文和訳はWebサイト「私の雑記帳――Tervetuloa Kotisivulleni」（http://www9.plala.or.jp/Jussih/）を参考にした。

22 キャラクターがプリントされているペンケースや鉛筆を保護者が買い与えるというパターンはあるらしい。日本のように禁止していないこともわかる。

23 前掲のWebサイト「私の雑記帳」によると、学校給食費の無償化は世界に先駆けてフィンランドがおこなったらしい。

24 経済協力開発機構（OECD）『図表でみる教育　OECDインディケータ（二〇一五年版）』（明石書店、二〇一五年）

25 杉本均「ブルネイ王国の言語・価値教育政策――シンガポール・マレーシアとの比較の視点から」『京都大学大学院教育学研究科紀要』（京都大学大学院、二〇〇〇年）四二―五九頁

26 山梨県早川町の詳細は町のWebサイトを参照した。

27 朝日新聞「義務教育費無償に 早川町来年度から」（二〇一一年十一月二十九日付朝刊）

28 早川北小学校、早川南小学校、早川中学校のWebサイトを参照して合計した。

担する費用はないという。

町の財政状況については、無償化をはじめるまえの二〇一一（平成二十三）年度決算ベースでは、一般歳出に対する教育費の割合が一〇・〇八％だったが、二〇一四（平成二十六）年度は一四％に上がっており、教育予算が増えている。[30]

ほかにも、わたしが調べた範囲では、福島県金山町や京都府伊根町、奈良県黒滝村で、厚い援助がある。[31] 金山町（人口二二二九人）では、少子化対策推進事業として、義務教育段階では、学校給食費や教材費、修学旅行費、さらに入学備品支援として運動着と制服それぞれ一セットまでが無料とされている。聴き取り調査によると、教材費は年間補助額に上限が設けられているそうだが、実態にあっている額のようで、それを超えることはないらしい。そのため、無償化が実現しているという。

金山町と同規模の伊根町（人口二二七五人）でも、二〇一五（平成二十七）年度から、同等の無償化がはじまった。学校給食費や修学旅行費は無償となっているが、伊根町立小中学校教材費無償化事業実施規程（平成二十七年三月二十五日教委告示第六号）により、無償化対象になる教材費の区分が規定されている。問題集やドリル、資料集などは無償化の対象とされ、学校と家庭のどちらでも使用でき、個人が管理する私物とされる制服や辞書、リコーダーなどは対象外とされている。

黒滝村（人口七七四人）は、総面積の約九七％を林野が占める「森の村」だ。学校給食費をはじめとして、修学旅行費や社会科見学費、遠足費が無償となっている。また、小・中学校へ入学すると祝金の贈呈があり、卒業アルバム製作費も全額補助されている。

最後に、これまでの自治体よりは比較的大きな自治体である兵庫県相生市[32]を紹介する。人口三万四八三人（男＝一万四七二二人、女＝一万五七六一人）で世帯数一万三三五五戸（二〇一五年十月末日）、小学校が七校で中学校が三校、通っている子どもの人数は二〇一八人[33]という、早川町よりは大きいが、大都市とまではいかない自治体だ。早川町と同様に、子育て支援策として、二〇一一（平成二十三）年度から学校給食費の完全無償化を実施している。学校給食費の無償化に関しては、「相生市学校給食費助成金交付要綱（平成二十三年四月一日・相教委訓令第二号）」に規定されている。「助成金の額は、［中略］保護者が負担すべき［中略］経費［中略］とする」（第三条）という条文があり、全額助成される。また、通学費も無償とし、路線バスを使用して通学している場合は全額補助している。ちなみに、幼稚園給食についても週に三日間実施し、無償としている。

そのほかの自治体でも、学校給食費の完全無償化や半額補助、第三子から無償といった取り組みが、全国的な広がりを見せている。

また、自治体全体の取り組みとはなっていないが、事務職員がイニシアティブをとり、無償化を進めた学校の話を聞いたことがある。統廃合により残念ながら閉校を迎えた最後の年度だけ、学校給食費や卒業アルバム代のようなお金以外は、すべて無償化したのだ。

自治体によって異なるが、埼玉県川口市の場合は、学校管理用消耗品費〇〇〇円、学校管理用備品購入費〇〇〇円というかたちで予算が配当される。しかし、学校管理費〇〇〇円（消耗品費・備品購入費ふくむ）というかたちで配当される場合もある。その自治体は後者のスタイルで配当されていたため、最後の一年間は無償化をめざして教職員で話しあい、予算の組み方を工夫して（備品費を大幅に削って消耗品費の比重を高くするなど、多少の無

29 定められている経費とは、教育に必要な教材費や校外学習経費とされている。以前、早川町教育長の講演を聞いたことがあるが、教育に必要な教材の算出基礎としては学校から要求があった教材を積み上げていき、その額を町予算の一部として議会にかけて承認を得るという方法らしい。
30 早川町広報誌『はやかわ』平成二十四年十一月号、平成二十七年十一月号を参照した。
31 各自治体の施策は、それぞれのWebサイトや聴き取りにより調査した。人口は二〇一五年十一月期の調査による。
32 兵庫県相生市の詳細は市のWebサイトを参照した。
33 相生市教育委員会「平成27年度相生の教育」（平成二十七年五月一日）を参照した。

理はあったのかもしれない）、一般的には保護者が負担することになっていたドリルや問題集なども公費で購入したのだ。一年間ではあったが、総額としてこれくらいの費用があれば無償化は実現できるというモデルケースにはなったと思う。

わたしもそうだが、事務職員の多くは、「できない」ではなく「あといくらあればできる」という感覚をもって仕事をしているだろう。「あといくらあればできる」を実現するためには、校内での無駄をなくすことも必要だが、費用負担のベクトルを保護者だけではなく、自治体にも向けていくことが求められる。

▼義務教育無償を達成した長崎県・香焼町（一九七七年）

さきの「学校経費の負担はどこが――主体と範囲の移り変わり」では教育行政全体の歴史をみてきたが、その続きあたりまで遡り、無償化の歴史をみていこう。

前出の山梨県早川町と同様に義務教育費の完全無償化を実現した、かつての長崎県香焼町（二〇〇五年一月四日、長崎市に編入）について、かんたんに紹介する。

当時の香焼町は、革新派の町長である坂井孟一郎氏が一九四七（昭和二十二）年～一九八七（昭和六十二）年の四十年間、首長を務めていた革新自治体として、全国から注目を集めていた。その町が、就学援助制度を利用して、義務教育無償を達成したのだ。[34]

まず、就学援助制度が利用できる所得基準額を生活保護基準の一・六倍に設定し、一九六四（昭和三十九）年から運動によって申請者を増やしていった。そして利用者の割合が申請者の八〇％程度になると、残りの二〇％程度は一・六倍の外側にあることがわかった。当時、就学援助の財源は半分を国が負担していたが、[35]一九七〇（昭和四十五）年からは、所得基準がオーバーしている家庭に対しては町が単独で援助することとし、一九七七（昭和五十二）年には完全無償の適用率が一〇〇％に達した。[36]

現代の無償化の流れは「子育て支援策」としての予算確保だが、当時の香焼町では「就学に対する支援」としているところに特徴がある。その波を受けて、そのほかの自治体においても、私費負担禁止や軽減条例制定のための運動がさかんにおこなわれるようになった。

それに対抗するかのように動きだしたのが、全国の教育長からなる会、全国都道府県教育長協議会（以下、協議会とする）である。一九七〇（昭和四十五）年代からは、文部省ではなく、この協議会が受益者負担を主張してきた。私費負担禁止などの運動による「市町村の施策の混乱」を理由に、重点課題研究として「義務教育における公費・私費の負担区分について――義務教育にかかる公費負担に関する調査研究報告」という報告書をまとめ、公費支出についてのルールを定めようとした。一九七四（昭和四十九）年、協議会により、「子どもの所有物にかかる経費・教育活動の結果や生じる利益が還元されるものは私費」と規定された「公費私費負担区分」が発表された。これは、長崎県香焼町が教育費無償化に向けて独自の補助をはじめた時期とみごとに重なっている。香焼町に続く自治体が出てくることへの懸念が「市町村の施策の混乱」と表現させ、是正へと向かわせたのかもしれない。なお、香焼町の独自制度は合併まで続いていた。

ここから、現代に続く、受益者負担が生まれた。そして、各自治体も財政難の煽りを受けて、それを擁護してきたとみてよいだろう。それが、いままた、子育て支援策というかたちであっても、無償化の波が引き寄せ

34 就学援助制度を利用して町から補助金を支給することにより、保護者が負担するお金をなくしたのだ。
35 現在では、国庫負担からはずされて一般財源というかたちとなり、自治体がすべて負担することになっている。いわゆる「ひもつき予算」ではなくなったのだ。
36 完全無償化への道のりは、坂井孟一郎ほか『香焼町奮戦記』（あけび書房、一九八五年）二〇四―二一六頁がくわしい。それによると、当初は就学援助の基準を生活保護の二・〇倍が妥当であるという行政判断をしたが、国や県などとやりとりしていくうちに、一・六倍で妥協したのだという。また、国庫負担の額として、国は子どもの人数の七％程度を計上していたが、香焼町は八〇％を超えた。ほかの自治体で就学援助費用の返納が生じていたこともあり、すべてが確保されたという。

られているのだ。

▼提言1・無償化に向けた財政措置のロードマップ

ここからは、現行制度のどこをどのように変えれば無償化が実現できるのか、という提言をしてみたい。

まず、教材費を国の負担にもどそうという提案から。少しふれたが、以前は教材費も国庫負担が存在した。一九五二（昭和二十七）年に成立した義務教育費国庫負担法第三条には、「国は、毎年度、義務教育の教材に要する経費の一部を負担する」という規定があった。それが、一九八五（昭和六十）年に一般財源となり、自治体はそのお金を「義務教育の教材に要する経費」にあてなくてもよくなった。かわりに道路を整備してもよいのだ。

福島県伊達郡にある九つの自治体を調査した報告がある。[37] それによれば、自治体の教材費予算を一般財源化前後で比較すると、一九八四（昭和五十九）年の国庫負担制度最終年度予算にくらべ、翌年度は極端に削減されたところが多かったという。ここからもわかるように、一般財源となると予算の確保が保障されないことがある。同じく三分の一が国庫負担とされている教職員給与も存続が危ぶまれているなかで、第三条をもとにもどすということは困難だとは思うが、ひとつの方法としては考えられる。

制定当時の条文は「教材費の一部」と規定されていたが、実質的には教材整備基準にふくまれる教材の合計が全額国庫負担により支払われるという制度構造だったという。[38] そのため、教育内容を定めた学習指導要領を実施するにあたり、どれだけの教材が必要なのか（教材整備基準）、それを用意するにはどれだけのお金がかかるのか（教材財政基準）という、算出基礎となる基準が重要となってくる。

現代においては、「東京都義務教育学校運営費標準」「名古屋市小（中）学校標準運営費」という資料や、第2章で紹介した「理科教材の基準」が同様の内容となっている。しかし、学習指導要領の改訂がおこなわれるも両基準の改訂はおこなわれておらず、自治体レベルでの見直しのたいへんさがうかがえる。

しかし、その仕事を、学校財務の担当者として事務職員が担うことも考えられる。そのためには、事務職員が学ばなくてはならないことも多く、授業の研究も必要だろう。さらに、授業者との綿密な打ち合わせが必要だ。「理科教材の基準」の場合は、作成した翌年に、年間をとおしてじっさいの授業と比較し、意見をいただいた。事務職員の想像を超える、子どもの状況や天候、施設設備による課題がみえてきた。そのため、現場でつくるのがいちばんだ。事務職員の負担を抜きにして考えれば、学校現場で教科指導に必要な基準額を算定することができる。いわば、配当予算内で考える「年間公費予算計画」ではなく、真に必要な「年間授業予算基準額」が定められるだろう。

もちろん、現在、国レベルで制定している「教材整備指針」を「学習指導要領に則した教材に関する整備及び財政基準」などというものに格上げして、その額をひとつの根拠として学校に配当し、無償化をめざす道もある。労力とお金、そして法改正が必要となる提言ではあるが。

逆に、地方から無償化を推し進める方法を考えてみる。

まず、「地方財政法」に頼ってみよう。「市町村は、〔中略〕当該市町村の負担に属するもの〔中略〕について、住民に対し、直接であると間接であるとを問わず、その負担を転嫁してはならない」（第二七条の四）とあり、市町村の負担に属するものは政令により、「職員の給与」「建物の維持及び修繕に要する経費」（第五二条）となっている。

この法律に頼ると、お金を増やすというより、税外負担を禁止する側面からの無償化提言となる。現行法で

37 境野健児「自治体の教材費はどうなったか」『賃金と社会保障』九五七号（旬報社、一九八七年）三八―四一頁
38 福嶋尚子「教材整備に関する基準の展開と問題点」世取山洋介・福祉国家構想研究会『公教育の無償性を実現する――教育財政法の再構築』（大月書店、二〇一二年）二七八頁

も、職員の給与や建物の維持修繕に関する費用を住民（保護者）から徴収することは禁じられている。学校から届く「集金のお知らせ」に先生の給与○○円や職員室修繕費○○円と書いてあることはありえない。同様に、「義務教育に必要な副教材購入に要する経費」と追記して、徴収自体を禁止にしたらどうだろうか。ただし、必要だから徴収していたお金がなくなるため、ほかに財源を求めなくてはならないし、設置者負担で貫く方法もないわけではないが、法改正のみではどうにもならず、合わせ技が必要になる。

もうひとつ、禁止規定の側面で考えられるのは、「地方自治法」だ。第二三五条の四第二項「普通地方公共団体の所有に属しない現金［中略］は、法律又は政令の規定によるのでなければ、これを保管することができない」によって、保護者から集金したお金を学校で保管するには規定が必要となる。しかし、そのような法律などはないのが現状だ。さらに、「収入及び支出は、すべてこれを歳入歳出予算に編入しなければならない」（第二一〇条）とあり、たとえ、集金するとしても、公会計に組み入れなくてはならない。そういったこともあり、学校給食費の公会計化が進んでいる側面もあるだろう。

公会計化された場合、自治体がその予算を把握するため、教材費や修学旅行費などについても、現状の集金状況が議会に示されることになる。現在、保護者が負担するお金の問題は、議会でも問題になっていることが少なく、教育委員会が調査している場合もあまりない。そのため、実態として配当予算に不足が生じていることが伝わりにくいこともあるだろう。

そのためにも、事務職員は、「あといくらあれば（無償化が）できる」（＝公費と私費を合わせた総額運営費の把握）というロジックをもっておくべきだ。学校給食費の無償化にはいくら必要かという問いについては、即答できる事務職員は多いだろう。一食単価×年間喫食回数×子どもの人数という単純式だ。しかし、教材費となると難しい。教材費として集金している金額がすべてではない。販売業者が売りにきて直接購入（兄弟姉妹がいて、かならずしも全員が購入しない場合、このパターンが多い。たとえば辞書など）したり、文房具屋で購入したりすることもある。総額運営費を把握するためには、公費で購入しているぶんも組み入れる必要がある。そうした情報を教育委員会と共有していくことからはじめていくべきだろう。保護者も巻きこんだ取り組みになったら、スピードは加速するかもしれない。

公会計化を進めることは、公費負担（＝無償化）を実現していくためのステップであり、制度の枠づくりとしてはたいへん意味のある、重要な取り組みなのだ。

▼提言2・現行制度でも無償化は実現できる

つぎは、あらたに財源確保を必要としない方法で、無償化を考えてみる。

児童手当の財源で無償化を達成できないだろうか。児童手当の支給対象は、出生から義務教育終了まで。そのため、就学前の子どもに対しては現行どおりの支給を前提とし、公立小・中学校に通っている子どものぶんは義務教育費にあてるという趣旨だ。私立学校など、公立小・中学校へ通っていない場合も、就学前の場合と同様に考える。そのように児童手当法を改正してみてはどうだろう。

現行児童手当法による支給の目的は、「家庭等における生活の安定に寄与するとともに、次代の社会を担う児童の健やかな成長に資すること」（第一条）であり、受給者はその趣旨にしたがって使わなければならないという責務がある（第二条）。厚生労働省の調査[39]によると、児童手当の使い道についての回答は、子どもの教育費など（四四・二％）、子どもの生活費（三三・八％）、子どもの将来のための貯蓄・保険料（二一・八％）となっている。子どもに限定しない家庭の日常生活費（二九・四％）、おとなの遊興費（一・八％）、まだ決めていない（八・三％）という回答もあった（複数回答のため一〇〇％にはならない）。多くの家庭では、とりあえず子どものために

39　厚生労働省「平成二十四年児童手当の使途等に係る調査報告書」（平成二十五年七月二十九日）

使おうという認識があるようだ。しかし、子どもに限定しない使い方をしている家庭もある。その理由としては、家計に余裕がない（七二・五％）、使い道は自由だと考える（二〇・〇％）となっている。

使い道が法の目的と一致していないから別の財源に回せばいい、と言いたいわけではなく（少しは言いたいが）同じく子どものために使うなら、一度財布に入れてまた財布から出すより、無償化のための財源にあてたらどうかという話だ。結果的に子どものために使われるのだから、気分的にもよくはないだろうか。おとなの遊興費に使っている家庭には反対されるかもしれないが、試算してみよう。

現在、小・中学生は基本的に、一人あたり月一万円で年間一二万円が支給されている。[40]「子供の学習費調査」[41]によると、公立小学校における学校教育費（学校給食費をふくむ）は九万七二三三円で、公立中学校のそれは一六万七六四八円とのこと。単純計算で、義務教育期間中に受けとることができる児童手当を一二万円×九年＝一〇八万円とすると、学校教育にかかる費用は（九万七二三三円×六年）＋（一六万七六四八円×三年）＝一〇八万六三三六円となり、差額は六三三六円である。それを九年で分割したら、一年あたり七〇四円の足が出る。それくらいは保護者に払ってもらってもいいじゃないかと思うかもしれないが、もう少し考察を重ねてみる。

「学校基本調査」[42]における公立の小学生（六四二万五七六四人）と中学生（三一九万八二九人）の人数に、一人あたりの年間児童手当額を乗じると、一兆一五三九億九一一六万円が予算化されていることになるが、足が出た金額を乗じると、六七億七〇〇八万一四七二円不足することがわかる。その不足額はＧＤＰで換算したら、たったの〇・〇〇一％程度にすぎず、そのぶんを予算化することで義務教育費が無償化されるだろうというのは、少し乱暴か。

ちなみに、ＯＥＣＤの調査[43]によると、日本の教育にかける公的支出の割合（ＧＤＰ比）は、三・七％。フィンランドは六・一％である。

▼自治体条例の前提となる市民のコンセンサス

いま、子ども医療費無償化の拡充は急速に進んでいる。厚生労働省の調査（平成二十七年四月一日）によると、自己負担がない自治体は五七％にまで上昇し、残りの四三％もなんらかの補助があるとのこと。その多くは義務教育終了までを無償としている。北海道南富良野町では、大学卒業まで無償だという。

子ども医療費の自己負担は、小学校に入学するまえの乳幼児が二割、小学生以上は三割を窓口で支払うことになっている。それを無償化している自治体が多いという話だ。一方、義務教育費に関しても、授業料などの支払いはなく、学校給食費や教材費について、いわば窓口負担がある。詳細にくらべることは困難だが、考え方によっては、義務教育費の窓口負担をなくすことも医療費の無償化と同じようなものだと考えられないだろうか。

それにしてもなぜ、子ども医療費は無償化されている自治体が多いのか。それはやはり、少子化対策という名の子育て支援策にある。子どもはよく体調を崩し、そのたびに病院へ行くと、家計に響く。それが無償なのはありがたい。しかし、一方で、モラルハザードを指摘する声[44]もある。

全国で約二割程度の自治体は所得制限を設けているという。義務教育費の無償化についても、所得制限を設けて実施してみればよいのではないか。そこに、医療費と同じような国民的コンセンサスが形成できないだろうか。

40 3子以降の場合は一万五千円。所得制限によって五千円の場合もあるが、計算を単純化するために一万円と仮定する。
41 文部科学省「子供の学習費調査」平成二十四年度版（平成二十六年一月十日）
42 文部科学省「学校基本調査」平成二十七年度版速報値（平成二十七年八月六日）
43 経済協力開発機構（ＯＥＣＤ）『図表でみる教育 ＯＥＣＤインディケータ（二〇一五年版）』（明石書店、二〇一五年）
44 「たいしたことない（そのさじ加減はだれが決めるのだという突っこみもある）のにすぐ病院へ行く」。薬局で薬を買うより病院へ行ったほうがよい、タダだから、という行動に対する批判である。

うか、と考えてみた。

「『義務教育は、これを無償とする』の範囲は——学説・裁判・行政の変遷」で紹介した、日本国憲法が規定する無償の範囲三説を覚えているだろうか。授業料無償説が判例の立場ではあるが、第3章でふれたように、子どもの貧困率が一六・三％となり、六人に一人が生活に困窮している世帯で育っている反面、自治体の財政難の煽りを家庭が受け、保護者が負担する各種徴収金が増えていく一方である。そういったなかでは、授業料が無償なだけでは、憲法の理念に即したひとしく教育を受ける権利が享受されているとは、とても言いがたい。さらに、無償範囲法定説（プログラム規定説）がいうような、国の財政事情による立法政策で無償化へ近づけるという概念も、戦後七十年で教科書が無償となっただけで、五十年以上、変化がない。そして修学費無償説は、理念的にはめざすべき方向だが、理想と現実のあいだに大きく乖離がある。子育て支援策として無償化が進んでいるとはいえ、大きな波となってはいない。財源確保も大きな問題だ。

現状で無償化を実現させる手段として、三通りの条例による対応が挙げられる。予算配当ではなく、現物支給で教材（問題集やドリルなど）を学校に給付するか、決まった上限内で裁量を認めるかという、ガチガチに固定された「ガチガチ条例」、ジャブジャブお金をあげるから好きなだけ買ったらいいよという「ジャブジャブ条例」、必要なものを言ってくれたらそのぶんだけ買ってあげるという「クレクレ条例」。このどれかしかないだろう。学校給食費や修学旅行費のように、あるていど金額が定まっている費用は予算を立てやすく、財源の確保に説得力があるが、教材費のように、各学校の裁量で積み上げられていく費用は、なかなか難しい。現に、教材費まで無償化している自治体は三つのパターンのどれかに当てはまる。

また、国民的コンセンサスの問題も生じる。義務教育費無償に関する世論調査をおこなったわけではないが、国政選挙などの各政党マニフェストを読んでも、教育費は医療費よりトーンが落ちている。幼児教育の無償化は聞くが、義務教育費無償化はほとんど聞かない。社会権規約のくだりでも指摘したが、やはり授業料が無償となっている時点で、達成していると考えられているのだろう。公立高校の授業料無償化がなされていた時代にも、「お金がある家庭まで無償にする必要はない」という世論が聞こえていた。

▼ひとしく教育を受ける権利を「相対的無償相当」で実現しては

つぎに、社会主義的な一律政策ではなく、資本主義的な日本文化に照らし、コンセンサスが得られる方法で、「ひとしく教育を受ける権利」と「無償性」の実現を考えてみる。

前出三説のような費用的範囲（どんな費用を無償とするのか）ではなく、家庭的範囲（どんな家庭を無償とするのか）で、無償の範囲を考える。「ひとしく教育を受ける権利」を実現させるために、相対的に必要と考えられる家庭（範囲）を無償の範囲としてはどうか。いわば、絶対的に全員を対象とするのではなく、相対的に無償相当とする範囲を定めようという提言だ。

まず、義務教育費の完全無償化は法改正や財源確保が不可欠なため、現実的ではなく、受け入れがたい印象が残る。そこで、医療費の部分で少しふれたように、所得制限を導入して無償化を実現するのだ。じつは、その制度はすでにある。そう、就学援助制度だ。しかし、就学援助制度を利用してもカバーしきれない保護者の負担金があったり、所得基準が低く利用しづらいこと[45]があったり、または所得基準ギリギリで利用できないが、けっしてお金に余裕があるわけではない家庭もあるだろう。

そのため、所得基準の境界線をどこに引くかが重要となる。就学援助制度の場合は、一九七四（昭和四十九）年に文部省が示した基準[46]がある。それは、生活保護の所得基準を一・三倍にしたものだ。現在もこの基準を頼

45　たとえば、生活保護の基準額が年間所得二〇〇万円とする。その場合で就学援助の基準額が生活保護の一・三倍であるとすると二六〇万円、一・五倍だと三〇〇万円となり、一・五倍のほうが「所得基準が高く利用しやすい」と表現する。

46　「全国市町村教育委員会財務事務担当者研修会実施要項」（昭和四十九年度）で示された。

りに、各自治体は一・〇〜一・五倍としている。それをグンと引き上げようとしたのが、香焼町だ。適正な基準を考えることは容易ではないが、一・三倍ないし一・五倍では、ほんとうに必要な家庭まで網羅できないように思う。やはり、香焼町が示した二・〇倍程度が適当なのだろうか。

また、援助額に関しても、学校の実態に即していることが必要である。学用品費という援助項目はあるが、学校で集金している教材費をカバーするには少額である。さらに、学習のためには、学校で購入する教材以外に、筆記用具やノートなども当然、必要となるのだ。

もうひとつ、捕捉率の問題もある。現状、実務では申請主義をとっているが、旧文部省時代から国は、保護者の申請だけに頼らず、真に就学援助を必要とする者に援助をおこなう必要があることを通知している。そのためには、機械的に全家庭を審査する必要が出てくる。就学期の子どもをもつ家庭の所得を一律処理して判定することなど、現代ではそう難しくないだろう。現状の実務にあわせるなら、高校の授業料無償制度のように、所得制限範囲かどうかを判定させるために、全家庭から申請書を出させてもよいだろう。捕捉率をかぎりなく一〇〇％に近づけるためには、それくらいのことが必要だ。それにより、必要な家庭が制度を知らないという就学援助制度ではなく、所得制限を導入した相対的無償化制度に近づけることができると考える。

この方法なら、大きな法改正は必要ない。あるていどの財源は必要だが、現行制度（就学援助制度）の増額という方法で予算要求ができるのではないだろうか。しかし、増額財源は自治体負担となる。そのため、自治体の財政力に左右される懸念は残る。義務教育費国庫負担法の理念である「教育の機会均等とその水準の維持向上」（第一条）のためにも、やはり国の財政的後押しは必要だろう。

また、無償化が実現すれば、未納も激減するだろう。コラムに書いたように、学校給食費だけであれだけの未納があるのだ。教材費やら何やらをふくめた調査をおこなったら、どれほどふくらむのかは想像に難くない。そういった未納回収業務も格段に減り、人件費も削減できはしないだろうか。

専門家でもないのに、穴だらけでまとまらない政策を現場感覚でツラツラと語ってしまった。お聞き苦しい点は勘弁していただきたい。何はともあれ、子どもにはお金の心配はさせたくない。これが親の気持ちであるし、学校の本音であってほしい。

たとえ教育費無償化という大きな目標を掲げずとも、事務職員は学校財務を担当する職種として、保護者負担金の軽減というミッションをだれもがもっているのだ。

2 子どもの権利とおとなの使命

▼なかなかややこしい「子ども」の定義

子どもとは何だろうか。なかなか定義は難しい。身長や体重で判断することはできないし、おとなテストを受験させるわけにもいかない。かんたんに思いつく定義は、年齢によるものだろう。

たとえば「子どもの権利条約」では、子どもの定義を十八歳未満としている（英語の正文では、「child means every human being below the age of eighteen years」）。

国内法をみると、「子ども」という文言がついた「平成二十二年度等における子ども手当の支給に関する法律」では、十五歳に達する日以後の最初の三月三十一日までの間にある者、「子ども・子育て支援法」では、十八歳に達する日以後の最初の三月三十一日までの間にある者、とされている。しかし、両法とも「この法律において」という前提があるため、「子ども」の定義としての共通性はない。

また、「子ども」という概念に近い表現として、児童や少年、未成年がある。児童とは「児童福祉法」で十八歳未満のこと、少年とは「少年法」では二十歳未満、「児童福祉法」では小学校就学の始期から満十八歳に達するまでの者となっている。未成年とは、「民法」の規定である「年齢二十歳をもって、成年とする」（第四条）の逆説により、二十歳未満となる。ただし、未成年は、婚姻適齢を定めた民法の第七三一条（男は十八歳、女は十六歳から婚姻が可能）により、婚姻したときは成年とみなされる（第七五三条の成年擬制規定）。そのため日本の場合、女性は十六歳で婚姻すると成年とみなされ、子どもの権利条約が定める十八歳未満であっても、子どもと定義されない（「子どもの権利条約」第一条但書）。

さらに、選挙権に関しては、「公職選挙法」により十八歳以上の者に与えられている。ちなみに、国立国会図書館の調査した百九十九か国・地域のうち、十八歳までに選挙権を与えているのは百七十六か国・地域となっていて、九割になる。[47]

▼民法が定める子どもへの制限

十八世紀、フランスの思想家であるジャン＝ジャック・ルソー（一七一二―一七七八年）は、名著『エミール』にて教育論を展開している。その書き出しは、「万物をつくる者の手をはなれるときすべてはよいものであるが、人間の手にうつるとすべてが悪くなる」[48]とはじまる。ルソーの教育論は消極教育といわれ、「自然の最初の衝動はつねに正しい」という前提に立ったうえで、子どもの自発性を重視し、内発性を社会から守ることを主張している。ルソーは著書のなかで、子どもが子どもらしく子ども時代を充実して過ごす必要性を訴え、子どもは「小さなおとな」でも「未完成なおとな」でもなく、その時代その時代に成熟という名の完成があり、つねに発達している独自の存在であると説き、「子どもの発見者」といわれている。そして、子どもには子どもらしく生きる権利があると説いている。

私法上の権利義務が帰属する主体として、すべての人に認められている資格を権利能力という。権利能力は、出生と同時にはじまり、死亡により終わるとされている。出生に関する定義は、刑法において一部露出説をとり、民法では全部露出説が通説となっている。

権利能力は、子どもにも当然に享受されている。また、胎児に関しては、日本では個別主義という考え方により、個々の権利関係において個々の権利能力を定めている。たとえば、民法の第七二一条（損害賠償請求権）や第八八六条（相続・遺贈）において、胎児は生まれたものとみなされる（ただし、胎児が生きて生まれることが条件）。

つぎに、行為能力という言葉がある。これは、単独で法律行為（契約など）ができる能力のことだ。未成年（子ども）には、行為能力に制限がある。法律行為をおこなうときは、基本的に法定代理人の同意が必要だ。同意がない法律行為は、取り消すことができ、無効となる。

また、意思能力という言葉もある。これは、物事の道理をはっきり見極め判断する精神的能力のことで、事理弁識能力ともいう。幼児などは意思能力に欠けるとされ、万が一、契約などの法律行為をしても無効となる。未成年者の意思能力はどれくらい認められるのかという問題がある。判例では、財産行為（贈与など）は七歳、身分行為（養子など）は十五歳が限界とされることが多いようだ。

子どもが子どもらしく生きるために、民法では制限という名の保護を子どもに施している。

▼おとなの義務はどうやって定められているか

権利と責任、そして義務について考えてみよう。

日本社会には、権利より責任を重視する見方がある。「子どもに権利を与えると、身勝手な行動ばかりして規制できなくなる」「子どもには、権利よりも責任をもたせることが大切」という考え方が根強いのではないだろうか。前述したように、法律も未成年者は保護するべきとしている。しかし、自立を支えていく必要も当

47 「諸外国の選挙権年齢及び被選挙権年齢」（国立国会図書館調査及び立法考査局、二〇一五年十一月）
48 ルソー『エミール』上巻（岩波文庫、一九六二年）二三頁

然ある。そのためにも、権利と責任、自立と保護のバランスを考えていくことが大切だ。

　権利と責任の関係において、「子どもは未熟な存在だから権利なんていう言葉はそぐわないし、やりたい放題にしておくと、おとなになったら無責任な人間になる」というような、責任を重視した意見が強い。このような流れから、少年犯罪の厳罰化などが進んでいるのではないだろうか。

　子どもにだって義務や責任はあり、自分の権利を守るために他人の権利を侵害してはならない。「おれのものはおれのもの、おまえのものはおれのもの」というジャイアニズムは避けなければならない。とはいえ、権利とは、出生にはじまるものだ。なんらかの義務を果たしたから生まれてくるものではない。権利は義務の対価だと、かならずしもいえない場面のほうが多いだろう。

　自立と保護の関係を考えよう。教育学者で、駿河台大学名誉教授の牧柾名は、「子どもを温かく見守り、生活、環境、文化、教育などの条件を整えることはきわめて大切ですが、同時に子どもの成熟に合わせてその自立能力、自治的能力を充実させ伸ばしていくこともきわめて大切です。保護は子どもの自立を助けるためのものであって、自立がまた保護の論理と敵対的なものであってはならないのです」[49]と述べている。自立と保護のバランスを保つことは、それなりに難しい。自立性を重視しすぎて、結果的に子どもを無責任に放置してしまう場合や、保護を重視しすぎて、過保護や過干渉という状態になり、一人では何もできなくなってしまう場合も考えられる。学校教育に関していえば、個々の発達段階におうじた指導をおこない、自立と保護のバランスを見極め、個におうじた指導や援助をしていくことが求められるだろう。同時に、家庭教育との連携も欠かせない。

「民法」は、未成年者と親権者との関係を、未成年者は「父母の親権に服する」（第八一八条）、親権者は「子の利益のために子の監護及び教育をする権利を有し、義務を負う」（第八二〇条）と定めている。

　子どもの権利条約にも、親の指導の尊重として、「児童の発達しつつある能力に適合する方法で適当な指示及び指導を与える責任、権利及び義務を尊重する」（第五条）と書かれている。また、同条約の第一八条で、父母などの保護者は第一次的な養育責任があると定めている。しかし、すべてにおいて、親の権利として子どもに服従（過保護状態を貫いたり、放置的対応ばかりしたり）させるのではなく、子どもの発達段階におうじた適当な方法を与える責任があると、親は自覚しなくてはならない。

――と、自戒の念をこめて書きつらねてみた（わが子も、八歳と四歳になった）。

▼「子どもの権利条約」は世界共通の憲法

一九四八（昭和二十三）年の国際連合総会において、第二次世界大戦の反省から、平和を実現するためには人権の保障が必要であり、平和の実現なしには人権も保障されないという考えのもと、「世界人権宣言」が採択された。第一条には、「すべての人間は、生まれながらにして自由であり、かつ、尊厳と権利とについて平等である」[50]と書かれ、国際的な人権保障についての宣言がなされた。

この世界人権宣言に続き、一九五九（昭和三十四）年、国際連合総会で「児童の権利に関する宣言」が採択された。当然、世界人権宣言には子どもの人権もカバーされているが、子どもは身体的・精神的な面から特別な保護が必要であるため、人類が子どもに対して最善の利益を追求する義務を負い、権利と自由が享有されるよう宣言したのだ。

このように人権宣言が採択されたが、あくまでも宣言であり、法的拘束力をもたないという弱点が議論されるようになってきた。そのため、宣言を条約とする動きが出てきた。そして、一九七八（昭和五十三）年、「子

49 牧柾名『かがやけ子どもの権利』（新日本出版社、一九九一年）六四頁
50 外務省Webサイト「世界人権宣言」から外務省訳を引用した。

どもの権利条約」の草案が、ポーランド政府から国連に提出された。翌年の一九七九（昭和五十四）年、「児童の権利に関する宣言」が二十周年を迎え、国際連合人権委員会に「子どもの権利条約の作業部会」が設置される。さらにその十年後の一九八九（平成元）年、「子どもの権利条約」が国際連合総会で採択され、一九九〇（平成二）年に発効となった。

　世界人権宣言から四十二年という長い年月をかけて、子どもの権利を規定するグローバルスタンダードが誕生した。子どもの権利条約（以下、「条約」とする）について、教育学者で東京大学・都留文科大学名誉教授の大田堯は、「地球規模の子どもたちの憲法」と表現している。また条約の扱いについて、「あくまで、その子その子と、その子がおかれている局面のリアリティに則して、何が正当なのかを私たち自身の頭で判断することでありまして、条約の条項は、そのばあいの重要な参考資料として考え、かつその立法の精神を生かすことに努力することでしょう」[51]と述べている。

　この条約は、大きく分けると四つの権利を守るように定めてあり、根底には「子どもにとってもっともよいこと」（子どもの最善の利益）の追求がある。それぞれの柱は、「生きる権利」――防げる病気などで命を奪われない、病気やけがをしたときは治療を受けられる、健やかに成長するなど。「育つ権利」――教育を受けたり、休んだり、遊んだりすること、自分の考えが守られ、自分らしく成長することなど。「守られる権利」――さまざまな差別や虐待、搾取から守られること、障がいをもつ子どもなどは特別に守られることなど。「参加する権利」――自分自身に関係があることは、自由に意見を出せることなど、がある。

　日本で暮らしていると、これらは当然に享有されているだろうと思われる内容が多い。しかし、こういった内容の実現から取り組んでいくべき国や地域が世界にはある。日本は日本なりの立場で、条約の実現を果たしていく必要がある。

▼日本国内での子どもの権利

一九四六（昭和二十一）年に「日本国憲法」、その翌年に「児童福祉法」が成立した。そして児童福祉に対する国民の意識を啓発するために、一九五一（昭和二十六）年、「児童憲章」が生まれた（世界人権宣言が発せられた三年後のことだ）。

児童憲章とは、「日本国憲法の精神にしたがい、児童に対する正しい観念を確立し、すべての児童の幸福をはかるため[52]」に定められた、児童の権利宣言である。「児童の権利に関する宣言」が国際連合総会で採択されるよりまえに、日本は子どもの権利を具体化していたのだ。

内容は、当時の厚生省が中心となって考案し、各都道府県知事に向けて通知[53]した。そこには、「児童の基本的人権を尊重し、その幸福をはかるために大人の守るべき事項を、国民多数の意見を反映して児童問題有識者が自主的に制定した道徳的規範」であり、「児童福祉行政上極めて重要なもの」と掲げられていた。

児童憲章にも三つの柱がある。「児童は、人として尊ばれる」「児童は、社会の一員として重んぜられる」「児童は、よい環境のなかで育てられる」という、条約にも近い理念が刻まれている。そして、それを具体化するために、十二条の条文が定められている（たとえば、「一——すべての児童は、心身ともに、健やかにうまれ、育てられ、その生活を保障される」など）。

その後、一九九四（平成六）年に日本が条約を批准すると、自治体レベルで条例の制定がはじまった。二〇〇〇（平成十二）年には、神奈川県川崎市が、日本初の「子どもの権利に関する条例」を制定した。子どもの権利条約総合研究所が二〇一四（平成二十六）年十一月時点でおこなった調査によると、全国で三十八の自治体が、

51 日本子どもを守る会『子どもの権利条約——条約の具体化のために』（草土文化、一九九五年）六—七頁
52 「児童憲章」前文。
53 各都道府県知事あて厚生省児童局長通知「児童憲章について」（昭和二十六年六月二日）

総合的な子どもの権利に関する条例を制定している。[54] 意見表明権や虐待防止といった個別的な条例もふくめると、五十六の自治体が、子どもの権利条約を生かすために条例を制定しているのだ。とはいっても、全国的には三％程度というごく少数値だが。

このような状況下にあって、国会の場では、子どもの権利に関する包括的な法律は定められていない。条約を批准した時点で、子どもの権利に関する明確な立法措置をとるべきではなかっただろうか。虐待防止に関しては「児童虐待の防止等に関する法律」（条約では第十九条）、性的虐待に関しては「児童買春、児童ポルノに係る行為等の規制及び処罰並びに児童の保護等に関する法律」（条約では第三十四条）など、個別的な立法政策をおこなっているばかりだ。

条約の第一四条に、「思想、良心及び宗教の自由についての児童の権利を尊重する」「権利を行使するに当たり、父母〔中略〕が児童に対しその発達しつつある能力に適合する方法で指示を与える権利及び義務を尊重する」「宗教又は信念を表明する自由については、法律で定める制限であって公共の安全〔中略〕又は他の者の基本的な権利及び自由を保護するために必要なもののみを課することができる」という規定がある。[55]

この条文は、前後の第一三条（表現の自由）や第一五条（集会結社の自由）とともに、「表現・思想・良心・信教・集会・結社の自由」として括られることが多い。学校生活においては、校則や学則などの定め、学校行事に関する問題が、対象として挙げられるだろう。

日本国憲法では、第一九条に「思想及び良心の自由は、これを侵してはならない」、第二〇条に「信教の自由は、何人に対してもこれを保障する。いかなる宗教団体も、国から特権を受け〔中略〕てはならない」「何人も、宗教上の行為〔中略〕又は行事に参加することを強制されない」「国及びその機関は、宗教教育その他いかなる宗教的活動もしてはならない」という規定がある。このため、公立学校では、すべての宗教に対して中立的な立場で、教育をおこなう必要があるのだ。

とはいうものの、「クリスマス会」をすることもある。なかには、サンタが登場し、あきらかにクリスマス的行事だが、「お楽しみ会」と称している場合もあるが。「クリスマス会」や「サンタが登場するお楽しみ会」のために、公費で買った色画用紙や折り紙を使って飾りつけをしたとしても、政教分離の判断基準である「目的効果基準[56]」に照らせば、違憲とはならないだろう。「お楽しみ会」としているのは、疑われることはしないという自己防衛策なのだろうか。

子どもにも信教の自由は保障されているが、小さいうちは自然と親の信教に従うことになるだろう。保護者から、運動会の表現活動[57]には参加させられないという連絡がくることもある。日本独特の民謡をバックに踊る

54 神奈川県川崎市（二〇〇〇年十二月）を皮切りに、北海道奈井江町（二〇〇二年三月）、岐阜県多治見市（二〇〇三年九月）、東京都目黒区（二〇〇五年十一月）、北海道芽室町（二〇〇六年）、富山県魚津市（二〇〇六年三月）、東京都豊島区（同上）、岐阜県岐阜市（同上）、三重県名張市（同上）、石川県白山市（二〇〇六年十二月）福岡県志免町（同上）、富山県射水市（二〇〇七年六月）、愛知県豊田市（二〇〇七年十月）、新潟県上越市（二〇〇八年三月）、愛知県名古屋市（同上）、東京都日野市（二〇〇八年六月）、北海道札幌市（二〇〇八年十一月）、福岡県筑前町（二〇〇八年十二月）、愛知県岩倉市（同上）、東京都小金井市（二〇〇九年三月）、宮城県石巻市（同上）、岩手県遠野市（同上）、愛知県日進市（同上）、福岡県筑紫野市（二〇一〇年三月）、北海道幕別町（二〇一〇年四月）、愛知県幸田町（二〇一〇年十二月）、石川県内灘町（二〇一一年十二月）岩手県奥州市（二〇一二年一月）、福岡県宗像市（二〇一二年三月）、北海道北広島市（二〇一二年六月）、愛知県知立市（二〇一二年九月）、大阪府泉南市（二〇一二年十月）、東京都世田谷区（二〇一二年十二月）、青森県青森市（同上）、北海道士別市（二〇一三年二月）、栃木県日光市（二〇一三年三月）、長野県松本市（同上）、愛知県知多市（同上）、長野県（二〇一四年七月）と続いている。

55 以下すべて、「子どもの権利条約」の条文は、外務省Webサイト「児童の権利に関する条約」から外務省訳を引用した。

56 最高裁判所大法廷判決「民事判例集三十一巻四号」（昭和五十二年七月十三日）五三三頁の「津地鎮祭事件」では、「当該行為の目的が宗教的意義をもち、その効果が宗教に対する援助、助長、促進又は圧迫、干渉等になるような行為」の場合は、違憲となる判断をしている。日本の公立学校などでおこなわれる「クリスマス会」は、その目的や効果において、違憲とされるほどではないだろう。

57 おもに小学校だが、競技種目とは別の、リズムに乗って踊る行為をいう。

ことは宗教観にあわないため、参加はできないといった内容だ。そのため、表現活動の内容を変更して、全員が参加できるようにしたという事例も聞く。

　また、事務職員が対面する問題としては、学校給食がある。とくに外国籍の子どもが転入してくると、宗教により食べられないメニューがあるという話をされる。アレルギー対応は学校現場でも進んできているが、宗教対応はあまり聞いたことがない。自校式と呼ばれる（給食調理室がある）[58]学校は、調理工程によって対応することもできるが、ほとんどの場合、除去することは難しいだろう。そのため、お弁当で対応してもらうことになるだろうか。わたしはそこまで体験したことはないものの、たとえば、豚肉のソテーは与えないが、カレーに豚肉が入っているくらいは問題ないという保護者もいた。

　つぎに、信教の自由が争われた裁判を紹介しよう。

　ひとつは、「エホバの証人剣道拒否退学処分事件」[59]。市立高等専門学校の学生が自己の宗教的信条に反するという理由で、必須科目である剣道の履修を拒否したところ、レポートによる代替措置も認められず、留年が重なって退学処分となった。その処分に対してその学生が、違法であると取消しを求めた事件だ。学校側は、特定の信者のみに対して履修を免除した場合は、特定の信仰を援助したことになり、政教分離の原則に反すると述べている。最高裁は、原告側の主張を認め、退学処分の取り消しを決定した。本件の場合は、宗教上の理由により剣道の授業をレポートに替えることは、政教分離の原則には反せず、剣道を履修させる必要度も高専には低く、その関係から、退学処分は子どもの信教の自由に対する配慮に欠けるという理由である。これにより、一般的法義務（必須科目であった剣道の授業を受けること）が回避された。

　もうひとつは、「日曜日授業参観事件」[60]。キリスト教信者である子どもが、日曜日の礼拝に参加するために日曜参観を欠席し、指導要録に欠席と記載された。そのことに対して保護者らが、日曜の学校行事は宗教の自由との関係で問題があると、取り消しと損害賠償を求めた事件である。この事件の判決では、一般的法義務（授業が実施される日に登校する）が優先された。それは「剣道拒否退学処分事件」で問題となった処分（退学）とは違い、「欠席の記載は単なる事実行為であるにとどまり、これにより原告子どもらの権利義務に直接法律上の影響を及ぼすこと」はないという理由だった。合理的な根拠にもとづくやむをえない制約として、法は容認していると判示したのだ。

この二つの判例に対しては、国連・子どもの権利委員会[61]（以下、「権利委員会」とする）が第一回の政府報告書[62]を審査している段階で、フルチ委員（イタリア）が「二つとも裁判所に持ち込まれましたが、救済は認められませんでした（剣道拒否退学処分事件の第一審は原告敗訴であり、最高裁判決が出るまえに審査がおこなわれたため）。これは深刻なことです。［中略］国内法は子どもおよびその親に基づく、宗教教育の拒否および宗教的礼拝を認めているのでしょうか。子どもの思想、良心および信教の自由は、日本の法律において個別に承認されているのでしょうか」と問題視している。権利委員会としては、後者の裁判に関しても当然に勝訴になるべきという見解であり、子どもに対する信教の自由を保護するための個別的な法律があるのか、と聞いているのだ。このような場面からも、条約を総合的に推進していくためには、子どもの権利に関する総合的な立法政策が必要であることがわかる。

58 給食センターで調理がおこなわれて配送される学校には、給食調理室ではなく、給食配膳室がある。
59 最高裁判所小法廷判決「民事判例集五十巻三号」（平成八年三月八日）四六九頁
60 東京地方裁判所判決「判例時報一一八五号」（昭和六十一年三月二十日）
61 条約の第四三条に定められた機関。活動内容は、「この条約において約束された義務の実現を達成することにつき、締約国によってなされた進歩を審査する」こと。
62 条約の第四四条には報告審査義務が定められていて、権利実現のために政府がどんな取り組みをおこなったのかを子どもの権利委員会に提出する義務がある。第一回は一九九六（平成八）年、第二回は二〇〇一（平成十三）年、第三回は二〇〇八（平成二十）年に出されている。そのさい、審査の精度を増すため、国内のNGOなどにもカウンターレポートを求めている。

▼条約が要請する社会的インクルージョン

条約の第二三条に、「精神的又は身体的な障害を有する児童が、その尊厳を確保し、自立を促進し及び社会への積極的な参加を容易にする条件の下で十分かつ相応な生活を享受すべきであること」を認める規定がある。第二三条には、ほかにも障がい児の権利について書かれているが、ほかの条文において述べられている権利も、障がい児に差別なく保障されることが前提となっている。たとえば、「差別の禁止」（第二条）、「子どもの最善の利益」（第三条）、「生命への権利、生存・発達の確保」（第六条）など、市民的権利の保障はすべて、障がい児にも該当する。

国内法では、児童福祉法の第三四条に、「身体に障害又は形態上の異常がある児童を公衆の観覧に供する行為」を禁止し、障がい児を守る規定がある。また、同法には、障がい児に対する支援や給付費などの規定も多く盛りこまれている。

「障がい」という概念は、つぎの三つに分けられる。「インペアメント（impairment）」――個人の特質としての、身体的・精神的障がい（生まれたときから体の右側が動かないなど）、「ディスアビリティ（disability）」――インペアメントによってひき起こされる機能的な障がい（右半身が動かせないので、車椅子を使うなど）、「ハンディキャップ（handicap）」――ディスアビリティによって生じる社会的な障がい（車椅子を使っているので階段など段差は一人では移動できないなど）[63]。条約の第二条「差別の禁止」において、英語の正文では「sex, language, religion, political or other opinion, national, ethnic or social origin, property, disability, birth or other status」とあり、「障がい」という言葉に「disability」をあてている。これは、個人の特質としての身体的・精神的障がいによってひき起こされる機能的な障がいのある子どもの権利を保障するために、ハンディキャップを克服していこうという条約の精神の現れによるものだ。また、条文には、「障害児の特別なニーズを認めること」「その費用は原則無償」「可能な限り全面的な社会的統合」「文化的および精神的発達を含む個人の発達を達成することに貢献する」、これらのために「教育、訓練、保健サービス、リハビリテーションサービス、雇用準備およびレクリエーションの機会」を利用し享受することができるようにするという、特別なニーズに応える援助のあり方も列挙されているのだ。

そして、障がいのある子どもも、そうでない子どもも、ともに同じ社会で生きていくことを特別視せず、インクルージョン（包括）という考え方で、学校改革がされはじめている。二〇〇七（平成十九）年に改正された学校教育法により、特殊教育諸学校が特別支援学校となり、そのほかの学校と同一の学校種となった。さらに、ノーマライゼーションという言葉とともに、障がいのある人も特別視せず、障がいのある人もない人もいっしょに暮らす社会こそがノーマルだという理念が広まってきている。また、学習障害（ＬＤ）や注意欠如多動性障害（ＡＤＨＤ）などのような軽度の発達障がいに関する社会的認知も広まり、通常学級や特別支援学級において、軽度障がい児がともに学ぶインテグレーション（統合）もおこなわれている。

しかし、自治体によっては、特別支援学級の設置率に違いがある。どこの学校にも設置されている場合は問題ないが、基本学区を越えた登校が前提となってしまうこともある。希望者には自治体が無料バスを用意しているが、保護者が毎日登下校に付き添う場合も少なくない。また、病気などで車椅子が必要な場合は、対応施設が整っている学校へ転校を促すこともある。

事務職員としては、施設設備に関して、できるかぎりの策を考えるべきだ。突然の事故や病気で車椅子が必要となり、施設設備が十分に対応できていないとしても、この学校を卒業したい！　と思う気持ちは強いだろう。ましてや卒業学年であったら、当然のことだ。その子がなるべく不自由なく学校生活を送れるように、

63　喜多明人ほか『イラスト版子どもの権利　子どもとマスターする50の権利学習』（合同出版、二〇〇六年）一四―一五頁を参考にしてまとめた。

整備していくことが求められる。

教室には車椅子用の机、専用トイレや階段の昇降機も必要だ。しかし、学校に配当されている予算ではさすがに厳しい部分もあるため、教育局と調整しながら進めていくことになる。文部科学省からも「学校施設バリアフリー化推進指針」(平成十六年三月)が出ているものの、大規模な改修などのタイミングを待たないと、大きな工事にはとりかかれない場合が多い。以前勤務した学校では、福祉体験という授業のなかで車椅子体験をしていたが、整備がされていない学校では、車椅子に乗って行動できる範囲はかなり狭まる。

一方、権利委員会では、障がい児の「社会的インクルージョンへの権利」が打ち出されている。「障がい児は、相談され、意思決定への関与を保障され、かつ自分の生活の管理権を拡大されるべきである」とし、障がい児の権利を促進するために、国やおとながバックアップする必要があるとしている。

二〇一四(平成二十六)年、日本は「障害者の権利に関する条約」を批准した。障害者基本法や障害者差別解消法の成立にともない、国内の法律が条約の求める水準に達したためとされている。子どもに関しては、第七条に、「障害のある児童が他の児童との平等を基礎として全ての人権及び基本的自由を完全に享有することを確保するための全ての必要な措置」をとることや、最善の利益を考慮し、意見表明権の実現などが規定されている。教育に関しては第二四条に規定され、インクルージョン教育制度による公平な機会平等が定められている。条約とあわせて、「障害者の権利に関する条約」の理念を生かしたインクルージョン教育のためのハード面(ハンディキャップを感じさせないユニバーサルデザインをとり入れた施設設備)やソフト面(障がい児への特別視をなくしていく)の改善・改革が必要となってくるだろう。

▼おとな社会は「虐待」といかに向きあうか

条約は第一九条で、「児童が父母[中略]による監護を受けている間において、あらゆる形態の身体的若しくは精神的な暴力、傷害若しくは虐待、放置若しくは怠慢な取扱い、不当な取扱い又は搾取（性的虐待を含む。）からその児童を保護するためすべての適当な立法上、行政上、社会上及び教育上の措置をとる」として、「あらゆる形態」の虐待を想定し、虐待からの保護を規定している。虐待は、暴力にかぎらず、子どもに対する不適切なかかわりすべてを指している。

国内法は、「児童虐待の防止等に関する法律」がベースとなる。第一条に、「児童に対する虐待の禁止、児童虐待の予防及び早期発見〔中略〕、児童虐待を受けた児童の保護及び自立の支援〔中略〕、児童の権利利益の擁護に資すること」が目的として規定されている。

この法律は、子どもへの虐待増加を受けて、二〇〇〇（平成十二）年に成立した。児童虐待の定義は、第二条に「保護者〔中略〕がその監護する児童〔中略〕について行う次に掲げる行為」とあり、その行為が一～四号に定められている。簡略化すると、「身体的・性的・心理的虐待とネグレクト」となり、それらの行為を禁止している。二〇〇四（平成十六）年の改正で、「保護者が他の同居人による虐待を放置していること」と「児童が同居している家庭で配偶者に暴力をふるうこと」があらたに定義づけられた。前者はネグレクト、後者は心理的虐待にあてはまる。また、第一四条には、「虐待」とのグレーゾーンが懸念されている「しつけ」についてふれられている。「児童の親権を行う者は、児童のしつけに際して、その適切な行使に配慮しなければならず、親権者であるからといって、暴行罪や傷害罪そのほかの犯罪から免れることはできないと定められた。

児童福祉法は、「保護者に監護させることが不適当であると認められる児童」を発見した者に対して通告義務（第二五条）を設けているが、児童虐待防止法では、教職員など虐待を発見しやすい立場にある人に対して早期発見に努める義務を課している（第五条）。児童相談所は、児童福祉法により、虐待などを加える親権者から子どもを一時保護することもできる（第三三条）。

こうした日本の取り組みについて、権利委員会では、第一回最終見解で「児童の虐待及び不当な扱いに関する全ての事案が適切に調査され、加害者に制裁が加えられ、とられた決定について周知されることを確保するための措置が不十分」だという指摘があり、その後の成立した児童虐待防止法については、第二回最終見解で大きな成果と歓迎しているが、「児童虐待の予防に関し、包括的かつ多分野に亘った戦略の欠如」など、若干の修正の必要を指摘している。さらに、二〇〇八（平成二十）年の法改正に対して、第三回最終見解で歓迎しているが、「民法において『包括的な支配』の実行の権利を与える『親権』の概念及び過剰な親の期待」に関する懸念事項が挙げられている。

その後、国内では、二〇一五（平成二十七）年の七月から、子どもたちや保護者のＳＯＳの声をいち早くキャッチするために、児童相談所全国共通ダイヤルが１８９（いちはやく）の三桁となるなど、児童虐待に関する意識がいっそう高まってきた。

学校現場でも、法の趣旨にそって虐待を通報することが増えてきた。しかし、そこまでに至らないケースや、虐待と子どもが認めないケースも多くある。子どもが教職員に助けを求めてくる場合はすぐに通報につながられるが、偶然発見されたあざなどに関しては（もちろん通報義務は課せられているのだが）、「転んだだけ」と子どもが隠すことも多い。それでも疑われる場合は通報が必要であり、その後は児童相談所などの調査が入る。どこまでを教職員がするべきかという線引きは難しいが、各機関と連携し、子どもを第一に考えるべきだろう。

身体的な虐待以外の場合は、発見が難しい。こうした虐待を未然に防いだり、早期発見をしたりするためには、子どもがいつでも相談できる状態、人間関係をつくっておくことが必要だろう。

事務職員においては、それが集金業務からみえてくることがある。教材費などの未納が続くと、保護者に直接連絡をとることがあるが、あきらかに違和感がある対応をされた場合はかならず担任に相談し、家族や子どもの状況に変化がないかを確認する。お金に関する連絡をすると多くの場合は、「ごめんさい、うっかりしていました」という反応だが、たまに「わたしは知らない」というような対応がある。その場合は、両親が離婚をし、親権でもめているという状態が多い。そういったことから虐待につながることもある。そのためにも、アンテナを高く広く張って、日々の仕事に取り組む必要があるのだ。

児童虐待を防止する活動をおこなっている民間組織は多くあるが、インターネットで検索するとトップに、「児童虐待防止全国ネットワーク」が出てくる。ここでは、オレンジ色のリボンを胸につけて児童虐待の防止を啓発する運動、「オレンジリボン運動」の総合窓口も担っていて、わたしも車や名刺にステッカーを貼っている。

その運動趣旨についてWebサイト[64]には、「オレンジリボン運動は、『子ども虐待のない社会の実現』を目指す市民運動です。オレンジリボンは、そのシンボルマークであり、オレンジ色は子どもたちの明るい未来を表しています。子ども虐待の防止は、児童相談所や市町村などの公的機関だけ行なえるものではありません。わたしたち一人一人が『子育てにやさしい社会』を作ることが、子ども虐待の防止につながります。子ども虐待防止の活動には、さまざまなものがあります。この運動では、子ども虐待防止に賛同される方が、それぞれ胸にオレンジリボンを着けることで、子ども虐待防止の活動に参加していただけるのです。オレンジリボンは、子育てを暖かく見守り、子育てをお手伝いする意志のあることを示すマークなのです」と紹介されている。

子どもの虐待防止に関する活動は、市民運動としても広くおこなわれている。逆に、それだけ多くの児童虐待事件が起こっていることもわかる。厚生労働省の調査[65]によると、年間で六十九人の子どもが虐待により命を落としている。そして、二〇一三（平成二十五）年度に全国の児童相談所で対応した児童虐待相談対応件数は、

64　児童虐待防止全国ネットワークのWebサイト「オレンジリボン運動公式サイト」（http://www.orangeribbon.jp/）より引用した。このサイトで啓発グッズ（ステッカーやピンバッジ、クリアフォルダーなど）も販売されている。

65　社会保障審議会児童部会児童虐待等要保護事例の検証に関する専門委員会「子ども虐待による死亡事例等の検証結果等について（第十一次報告）」（平成二十七年十月）、「平成二十五年度の児童相談所での児童虐待相談対応件数」（平成二十六年八月四日）

七万三七六五件にもなる。一九九三（平成五）年度では一六一一件であり、この二十年間で約四十五倍も増えているのだ。

この異常事態に、おとな一人ひとりが、子どもと、そして社会と向きあわなければならない。

▼児童労働撤廃と学校のサッカーボール

条約は、第三二条で、「児童が経済的な搾取から保護され及び危険となり若しくは児童の教育の妨げとなり又は児童の健康若しくは身体的、精神的、道徳的若しくは社会的な発達に有害となるおそれのある労働への従事から保護される」と規定している。また、教育を受ける権利（第二八条）も規定し、子どもが児童労働から守られる根拠となっている。

第三二条には具体的な内容として、「締約国は、〔中略〕実施を確保するための立法上、行政上、社会上及び教育上の措置をとる」とあり、「このため、締約国は、〔中略〕雇用が認められるための〔中略〕最低年齢」などを定めることが規定されている。また、二〇〇〇（平成十二）年に日本も批准した「就業が認められるための最低年齢に関する条約」の第二条三項により、最低就業年齢はいかなる場合にも十五歳を下回ってはならず、義務教育修了年齢を下回ってはならないとされている。

日本国憲法の第二七条三項には、「児童は、これを酷使してはならない」という規定があり、労働基準法の第五六条には、「児童が満十五歳に達した日以後の最初の三月三十一日が終了するまで」は働かせてはならないことが定められている。例外として、「児童の健康及び福祉に有害でなく、かつ、その労働が軽易なものについては、行政官庁の許可を受けて、満十三歳以上の児童をその者の修学時間外に使用することができる」とある。また、児童福祉法の第三四条では「満十五歳に満たない児童に〔中略〕歌謡、遊芸その他の演技を業務としてさせる行為」や「児童に午後十時から午前三時までの間、〔中略〕物品の販売、〔中略〕を業務としてさせる行為」を禁止している。

児童労働とは、法律で禁止されている危険・有害な労働を子どもがおこなうことや、義務教育を妨げる労働をおこなうことをいう。日本ではなじみが薄いように思われるだろうが、二〇一二(平成二十四)年の統計によると、一億六八〇〇万人、世界の子どもの九人に一人が児童労働をしている。しかし、二〇〇八(平成二十)年の統計では、二億一五〇〇万人とされていたため、さまざまな取り組みによって減少傾向にあるようだ(統計はＩＬＯの報告書による)。

権利委員会は、第二回最終見解で、日本も「最低年齢条約」や、子どもにとってとくに搾取的な労働を明確に定め、最悪の形態の労働に就く子どもたちを優先的に保護するという「最悪の形態の児童労働の禁止及び撤廃のための即時の行動に関する条約」を批准したことを歓迎すると評価した。ここで禁止された「最悪の形態」とは、強制労働・債務労働・兵役・売春、ポルノ・犯罪関与などの危険有害労働を指す(第三条)。児童労働のなかでも、とくに搾取的なものと考えられ、十八歳に満たない子どもは、すぐにそこから保護されなければならないと定められている。

児童労働の最大の原因は、貧困である。毎日の生活に必要なお金を親の労働だけで稼ぐことができない家族は、生きていくために、子どもも働かなくてはならない。親の収入が不安定、病気で働けない、失業中であるといった理由により、家族が子どもの収入をあてにした生活を送っていることもある。すると、学校で学ぶことよりも労働を優先させるという事態に陥ってしまう。そのほうが、将来的にも子どものためだと疑わない親も多いらしい。児童労働問題における課題のひとつだろう。

インドでは、サッカーボールを一日中縫って三つ完成させ、もらえる対価は四十五円という児童労働があるという[66]。サッカーボールは学校でも購入する。事務職員として、いままでいくつも買ってきた。児童労働問題に関心がなかったときは、革製なのか、ゴム製なのか、大きさは何号なのかという規格のみを判断基準に、価格が安いものを買っていた。そう、原産国を把握していなかったのだ。あるとき、カタログを調べていると、パキスタン製が異様に安いのに気づいた。パキスタンは、インドと並んで児童労働が報告されている国だ。そこで、スポーツ用品店に原産国を明示して見積もりをもらうことにした。こういった取り組みは、第3章で書いたシックスクールの問題に似ていると思う。多少高いものでも、安全なもの、安心なものを購入するという過程が必要ではないだろうか。

「児童労働」と「子どもの仕事」は違う。児童労働はChild-Laborと呼ばれ、前述したように、子どもの心と身体の健康に害を与えたり、子どもが育つための教育の機会を奪ったりする労働である。一方、子どもの仕事はChild-Workとして区別され、家の手伝いやアルバイトなどを指す。大きな違いは、子どもの権利が侵害されているかどうかにある。児童労働にはあらゆる権利侵害が発生するが、子どもの仕事は基本的に、勉強の時間や遊ぶ時間まで奪っていない。また、将来にそなえ、仕事観などを学ぶためには、よい経験でもある。義務教育期間でも「職場体験」と呼ばれ、授業の一環として仕事を体験することがおこなわれている。もちろん、対価は得ないが。

　児童労働をなくす取り組みをおこなっている民間組織も多くある。インターネット検索でトップに上がり、わたしもサポーター登録をしている[67]「世界の子どもを児童労働から守るＮＧＯ　ＡＣＥ」の取り組みをかんたんに紹介したい。Ｗｅｂサイトによると、「子どもの搾取に反対する行動（Action against Child Exploitation）」理念で、一九九七（平成九）年に学生五人が設立した団体とある。児童労働の問題を考える理由として、①子どもが心と身体に受けるダメージが大きいこと、②教育を受けられないこと、③人としての自由を奪うこと、④社会を支える人材が育たないこと、の四つを挙げている。毎年、バレンタインデーにあわせ、ガーナの子どもたちを支援する「しあわせを運ぶ てんとう虫チョコ」というフェアトレード商品を販売している（わたしも「逆チョコ」のために毎年購入している）。児童労働を撤廃するためには、「児童労働でつくられたチョコレートだから買わない」という「ボイコット（不買運動）」ではなく、フェアトレードの商品を買う「バイコット（購買運動）」という考え方への転換が必要だという。また、「総合的な学習の時間」に、児童労働とフェアトレードの学習をおこなっている学校の紹介もされている。

フェアトレードとは、「直訳すると『公平な貿易』。つまり、開発途上国の原料や製品を適正な価格で継続的に購入することにより、立場の弱い開発途上国の生産者や労働者の生活改善と自立を目指す『貿易のしくみ』」をいう[68]。たとえば、チョコレートやコーヒーの生産者のなかには、貧困に苦しむいわゆる途上国で児童労働者として働き、教育を受ける機会を奪われている子どもが多くいる。途上国と先進国、または企業間の取り引きがそもそもフェアではないために起きている。フェアな取り引きをして、おたがいが支えあおうという理念が、フェアトレードである。その基準には、労働者に適正な賃金が支払われることはもとより、労働環境の改善や自然環境への配慮などもふくまれ、さらには子どもの権利を保護することや、児童労働の撤廃も盛りこまれている。

▼身近なおとなとしての使命

条約の制定と国内法との関係、そして学校や事務職員ができること、考えなくてはならないことをいくつかみてきた。日本の現状を整理してみたつもりだが、すべての課題を網羅できたわけでは当然なく、おとなが子どものために考えなくてはならないこと、行動しなくてはならないことはまだまだ山積みだ。

66 岩附由香ほか『わたし八歳、カカオ畑で働き続けて。』（合同出版、二〇〇七年）一〇頁
67 「世界の子どもを児童労働から守るNGO ACE」（http://acejapan.org/）。サイトからは、活動理念のほか、掲載されている内容をところどころ参考に、また引用した。
68 「フェアトレード・ラベル・ジャパン（FLJ）」のWebサイト（http://www.fairtrade-jp.org/）から引用した。

子どもには権利があるんだ！　守られるべきなんだ！　という主張はあって当然だが、ここで紹介したことはそれ以前に、子どもとして、人間として、生きているうえであたりまえのことであり、けっして高望みしているとはいえないだろう。そんな部分ですら、問題や課題が多いのだ。虐待を受けることはふつうの状態ではないし、障がい児が差別されることももちろんあってはならないが、子どもが、子どもとしてあたりまえのことを享有できていない状態こそが異常なのだ。

子どもの人権、その最大のものは、「褒められる権利」であると、昨年本校でおこなった「ふれあい講演会」の講師、渡辺宏さんがおっしゃっていた。怒られるために、生まれてきたのではないと。まずは、子どもに権利を与えるとかどうとかいうレベルではなく、子どもをいっぱい褒めて、あたりまえの笑顔を与えていくことこそが、おとなの使命だろう。

おわりに

「事務職員は、事務に従事する」（学校教育法第三七条十四項）。じつのところ、法律で定められている事務職員の職務内容は、これのみである。そのため、わたしが実践し、紹介してきた取り組み以外にも、全国津々浦々の学校で、事務職員がそれぞれ活躍しているだろう。事務職員の社会的認知度はあまり高くないが、事務職員が籍をおく公立小・中学校は、地域の公教育を担う重要な場所だ。そこで事務職員が何をなしていくかで、学校は変わっていく。わたしはそう信じている。

最後になるが、事務職員として小・中ともに七年（通算十四年）が経ち、就職当時からのトレードマークともいえる茶髪をやめた節目といえる時期に本書を出版できたことを、太郎次郎社エディタスのみなさまに感謝申し上げたい。そして、度重なる原稿チェックに嫌気がさしながらも何度も読みかえし、適切な日本語指導をしてくれた妻の清香さま、また各所において参考資料の提供や現場の情報をくださった多くの方々に感謝したい。ありがとうございました。

二〇一六（平成二十八）年四月一日、十五年目のはじまりの日に

柳《やなぎ》澤《さわ》靖《やす》明《あき》

本書の理解を深めるために

▼事務職員が組織する団体

まず、日本教育事務学会（The Japan Association for the study of Educational Business Management）という学会が存在します。この学会は、二〇一三（平成二十五）年十二月に創立された比較的新しい学会です。なぜ、学校事務学会ではなく、教育事務学会なのか。Webサイトによると、事務職員の仕事を「授業など直接子どもと向き合う活動以外の仕事」と定義しています。創立趣旨には、「学校は公共的使命を持ち、中核的業務としての授業を教員や事務職員など多くの教職員による『合力《ごうりき》』」の必要性があると述べています。

つぎに、**全国公立小中学校事務職員研究会**という研究団体があります。その歴史は古く、一九六八（昭和四十三）年に発足されました。公立小中特別支援学校の事務職員で構成し、研究テーマとして、「子どもたちの学習活動を支援するための学校事務のあり方」を挙げている全国組織です。採用と同時に加入するパターンが多く、いちばん大きな組織です。研究大会やセミナーなどの開催、文部科学省からの委託事業（「学校運営の改善の在り方に関する取組」など）も担っています。

同じく研究団体として、一九七七（昭和五十二）年に発足した、**全国学校事務職員制度研究会**があります。全国の学校事務職員などでつくる自主的な研究サークルであり、夏・冬に開かれる研究会の運営や、機関誌「子どものための学校事務」の発行などをおこなっています。研究テーマに「教育としての学校事務」を挙げ、学校で働くことの意味を問いつづけています。

最後に、組合組織です。教職員組合として教職員で組織している組合に、**日本教職員組合**や**全日本教職員組合**があります。そして専門部として、それぞれに事務職員部が組織されています。日本教職員組合事務職員部は一九四九（昭和二十四）年、全日本教職員組合事務職員部は一九九一（平成三）年にそれぞれ結成されています。また、事務職員だけで組織する組合もあります。たとえば、一九七八（昭和五十三）年に結成された、**全国学校事務労働組合連絡会議**などです。

興味がある方は、それぞれのWebサイトをのぞいてみてください。

- **日本教育事務学会**（http://jasebm.com/）
- **全国公立小中学校事務職員研究会**（http://zenjiken.jp/）
- **全国学校事務職員制度研究会**（http://www.bekkoame.ne.jp/ha/seidoken/）
- **日本教職員組合**（http://www.jtu-net.or.jp/）
- **全日本教職員組合**（http://www.zenkyo.biz/）
- **全国学校事務労働組合連絡会議**（http://gakurou2006.web.fc2.com/）

さらに、紹介した親組織の支部的な組織も全国各地に広がっています。都道府県や市区町村単位の研究会、自主的な組織をふくめたら、把握しきれないほどの組織があると思います。

［文献］

▼大塚玲子『ＰＴＡをけっこうラクにたのしくする本』（太郎次郎社エディタス、二〇一四年）

問題多きＰＴＡ活動の実態が赤裸々に描かれている反面、イヤイヤではなく楽しんで活動するコツも伝授しています。わたしも、わが子が小学校に入学して以来、「Ｐ」の立場でも役員としてかかわっており、「Ｔ」での経験も生かしていきたいと考えています。ぜひ、読みくらべてほしい一冊です。

▼近藤博一『知っていますか？　シックスクール——化学物質の不安のない学校をつくる』（農山漁村文化協会、二〇一三年）

著者は、スクールエコロジー研究会の代表を務めています。しかも、わたしと同じ事務職員です。シックスクールとは何かというくわしい説明からはじまり、学校現場での取り組みとして、場所別・教材教具別に発生の原因と対策について書かれています。

▼就学援助制度を考える会『就学援助制度がよくわかる本』（学事出版、二〇〇九年）

就学援助制度を学ぶうえでの教科書といっても過言ではないと思います。Ｑ＆Ａ方式で書かれているため、知りたいことがすぐにわかり、使いやすいと思います。また、執筆者は現場の事務職員経験者なので、事務職員の取り組みも知ることができます。わたしも少し書きました。

▼事務だより研究会『つくろう！　事務だより——そのまま使えるテンプレート・イラスト集付き』（学事出版、二〇一三年）

この本は第３章で紹介した「事務室だより」について書かれています。事務職員向けに、作成に関するノウハウがまとめられた本です。付属ＣＤ―ＲＯＭには、おたよりに欠かせないイラスト集も入っています。研究会の編著ですが、多くをわたしが執筆しました。

▼保護者負担金研究会『保護者負担金がよくわかる本——集金から未納対策まで』（学事出版、二〇一五年）

保護者負担金について、そもそもどうして集金しているのかという基礎理解編、事務処理編、制度を改善していくための提案までがＱ＆Ａ方式で書かれています。対象は教職員ですが、市民感覚でも十分読めると思います。こちらも研究会の編著ですが、多くをわたしが執筆しました。

▼第４章で参照した文献など

第４章では多くの文献や調査を参照しました。そのつど注に詳細を記しましたので、よりくわしい内容を知りたい方は手にしてみてください。そしてまた、その本で紹介されている本をたどっていくという楽しみ方もあると思います。

著者紹介

柳澤靖明（やなぎさわ・やすあき）

埼玉県川口市の公立中学校事務主査。「事務職員の仕事を事務室の外に開く」をモットーに、事務室だより『でんしょ鳩』などを通じて教職員・保護者・子ども・地域へ情報を発信。就学援助制度の周知、保護者負担金の撤廃などにむけた取り組みを続けている。

著書に『学校徴収金は絶対に減らせます。』（学事出版）、共著に『隠れ教育費』（福嶋尚子との共著・小社刊）、『保護者負担金がよくわかる本』『増補改訂　つくろう！事務だより』（ともに学事出版）など。
＊本書は 2016 年日本教育事務学会「学術研究賞」を受賞。

本当の学校事務の話をしよう
ひろがる職分とこれからの公教育

2016 年 6 月 10 日　初版発行
2020 年 4 月 10 日　4 刷発行

著者　柳澤靖明
装幀　Malpu Design（清水良洋）
本文デザイン　Malpu Design（佐野佳子）
発行所　株式会社太郎次郎社エディタス
東京都文京区本郷 3-4-3-8F　〒 113-0033
電話 03-3815-0605
FAX 03-3815-0698
http://www.tarojiro.co.jp/
電子メール tarojiro@tarojiro.co.jp
印刷・製本　シナノ書籍印刷

定価はカバーに表示してあります
ISBN978-4-8118-0794-2　C0037